Kendrick · Gott lebt nicht in den Wolken

Rosalyn Kendrick

Gott lebt nicht in den Wolken

Fragen über Gott, den Menschen und die Welt

Patmos Verlag · Düsseldorf

Die Originalausgabe dieses Buches erschien bei
SCM Press Ltd., London, unter dem Titel
»Does God Have a Body? and other questions«
Aus dem Englischen übersetzt von Hatto Küffner

CIP-Kurztitelaufnahme der Deutschen Bibliothek

Kendrick, Rosalyn: Gott lebt nicht in den Wolken:
Fragen über Gott, d. Menschen u. d. Welt /
Rosalyn Kendrick. [Aus dem Engl. übers. von Hatto Küssner]. –
1. Aufl. –
Düsseldorf: Patmos Verlag, 1979.
Einheitssacht.: Does god have a body? ⟨dt.⟩
ISBN 3-491-77376-8

 1. Auflage 1979
Umschlaggestaltung Ralf Rudolph
Herstellung Clausen & Bosse, Leck
ISBN 3-491-77376-8

Inhalt

Dank

Dank schulde ich allen, die mir Hilfe und Ermutigung bei der Abfassung dieses Buches gewährt haben. Besonders danken möchte ich meinen Freunden John Maunder, Brian Callan und James McClean für ihre Hilfe bei den Abschnitten über biologische, chemische und physikalische Fragen, meinem Mann George Kendrick für sein allgemeines Wissen und seine Begeisterung für philosophische Probleme; Professor A. T. Hanson von der Hull University, David Thacker und Miss B. J. Gadd für ihr verständnisvolles Lesen des Textes, für ihre wertvolle Hilfe und ihren Rat.
Viele andere haben mir bei dem Text geholfen, zu ihnen gehören auch die Studenten, die ich unterrichtet habe. Ich danke ihnen für ihre Geduld, ihre Offenheit und ihren guten Willen. Ihnen allen widme ich dieses Buch.

I

Der Fuchs des Himmels

O wüßte ich, wie ich ihn finden könnte,
gelangen könnte bis zu seiner Wohnstatt!
Doch geh ich gen Osten, ist er nicht da,
nach Westen, so merke ich nichts von ihm.
Wirkt er im Norden, ich erblicke ihn nicht,
wendet er sich gen Süden, so merke ich nichts von ihm.
Er aber kennt meinen Weg, den ich nehme,
prüfte er mich, ich ginge hervor
wie Gold.

aus Ijob 23

Ich möchte, daß Sie sich eine Hetzjagd vorstellen. Jäger, eine wohl ausgestattete Jagdgesellschaft, Reiter, die vorzüglich im Sattel sitzen. Hunde, die an den Leinen zerren, sofort bereit, sich durch das Unterholz auf ihre Beute zu stürzen. Und der Fuchs – wachsam, listig. Gerade ist er gesehen worden – und schon sind sie los. Sie rasen durch die friedliche Landschaft, ihr wildes Gebell zerreißt die Stille. Aber wo ist der Fuchs? Sie waren sicher, sie hätten ihn schon. Alles, was von ihm blieb, ist eine schwache Witterung. Geschlagen, aber noch voller Eifer und laut bellend, jagen die Hunde hinter dieser Witterung her – aber der Fuchs bleibt verschwunden. Wird man ihn hinter einem anderen Hügel noch einmal sehen? Die Jäger werden nicht aufgeben, bis sie ihn aufgespürt haben und ...

Aber nehmen wir an, der Fuchs bliebe verschwunden. Man kann sich leicht vorstellen, wie der Jagdherr in sein Bier weint und stöhnt: »Wenn ich nur wüßte, wo ich ihn finden könnte.«

Diese kleine Einleitung soll mehr sein als nur eine Einleitung. Sie ist gewissermaßen ein Gleichnis – ein Rätsel. Es geht nicht wirklich um eine Jagd und um Füchse, sondern um etwas ganz anderes. Um den

Fuchs des Himmels. Das heißt um Gott. Und auf der Suche nach ihm werden wir die Hunde und die Jäger sein. Wir werden eine Menge Lärm machen, eine Menge Fehler, wir werden alles mögliche falsch machen – aber wir werden einer Witterung nachjagen.

Hier hört die Entsprechung auf, wie es alle Entsprechungen einmal tun – denn Gott ist in Wahrheit kein Fuchs, und wir wollen ihn sicher nicht töten. Vielleicht sollten wir mit einem Paradoxon beginnen, damit wir wissen, was wir unternehmen. Wenn Gott wie ein Fuchs wäre, ein Ding, das verfolgt und aufgespürt werden könnte, dann hätten wir ihn sicher als Gott getötet – denn ein physischer Gott ist fast ein Widerspruch in sich selbst. Wenn wir ihn leicht ergreifen könnten, wäre er nicht das, was wir Gott nennen. In einem gewissen Sinn zeigt uns die offensichtliche Unmöglichkeit, ihn ›festzuhalten‹, daß wir es mit etwas zu tun haben, was sich über und hinter unserer beschränkten Welt der Fakten und Zahlen befindet.

Viele Leute heben jetzt verzweifelt ihre Hände und sagen: »Ich habe Gott nie gesehen, niemand hat das – warum sollten wir an ihn glauben?« – Ja, warum eigentlich? Machen wir uns an die Arbeit! Bedeutet Sehen Glauben? Oder, und das ist vielleicht noch entscheidender, ist Glauben nur Sehen?

2

Warum können wir Gott nicht sehen?

Wahrscheinlich eine der größten Enttäuschungen aller Zeiten ist die Tatsache, die im Johannesevangelium nüchtern festgestellt wird: »Niemand hat jemals Gott gesehen«. Alle möglichen Menschen, von den frommen Juden zur Zeit Christi bis zu den zynischsten modernen Atheisten, haben gewünscht oder gefordert, Gott möge sich ihnen zeigen und ein für allemal die Frage lösen, ob es ihn wirklich gibt oder nicht. Selbst die Jünger Jesu haben darum gebeten: »Zeige uns den Vater, und es genügt uns« (Joh 14,8). Die Antwort Jesu ist aufschlußreich. Er hat darauf gesagt: »So lange Zeit schon bin ich bei euch, und du hast mich nicht erkannt? Wer mich gesehen hat, hat auch den Vater gesehen.« Die Bedeutung dieser Antwort ist ein Thema für die Theologen. Aber was Jesus auch gemeint hat – es ist eine Tatsache, daß die meisten Menschen (die ja keine Theologen sind) sich mit der Antwort, so wie sie dasteht, nicht zufriedengeben. Es ist nicht leicht, die christliche Trinitätslehre zu begreifen, und sicher besteht für die meisten Menschen zwischen dem Menschen Jesus und Gott dem Vater und Schöpfer ein Unterschied. Man kann glauben, daß Jesus wirklich gelebt hat und daß er ein großer und guter Mensch gewesen ist – aber Sohn Gottes? Offenbarung Gottes?

Wie können wir wissen, daß es wirklich so etwas wie Gott gibt? Woher wissen wir, daß er existiert? Wenn wir Gott sehen könnten, dann wollten wir an ihn glauben – warum sollten wir es sonst tun? Warum aber können wir Gott nicht sehen?

Bevor wir näher auf dieses Problem eingehen, sollten wir vielleicht einen Augenblick überlegen, was wir von einem Ding überhaupt sehen können. Die Menschen sind recht eingebildet. Wir denken, wir wüßten alles. Wir fliegen durch den Weltraum, wir sprechen über ein Telefon mit anderen Ländern, wir betrachten Fernsehprogramme, wir hören großartige Konzerte, wir bedienen unglaubliche Maschinen, die schneller denken als wir selbst. Es scheint kaum noch etwas zu geben, was der Mensch nicht kann. Und doch wissen wir unglaublich wenig von der Welt, die wir zu kennen glauben. Wir wollen einmal sehen, wie wenig wir von ihr wissen. Woher wissen wir denn, daß überhaupt etwas wirklich existiert? Sind wir absolut sicher, daß wir selbst wirklich existieren? Wie können wir sagen, daß wir wach sind oder daß wir schlafen? Vielleicht ist das, was wir für unser wirkliches Leben halten, nicht mehr als ein Traum, und unser wirkliches Leben findet ganz woanders statt. Wir haben unseren Tag in vierundzwanzig Stunden eingeteilt, von denen wir acht Stunden fest schlafen. In unseren Träumen ist die Zeit anders – wir können in wenigen Sekunden unermeßliche Erfahrungen machen und in die Zukunft oder die Vergangenheit reisen. Was gilt für uns – sind wir wache Lebewesen, die täglich etwa acht Stunden Schlaf brauchen, was uns gesund und vernünftig erhält, oder sind wir schlafende Lebewesen, die oft Nahrung aufnehmen müssen, um unseren schlafenden Leib lebendig zu erhalten?

Was wir für unser Leben halten, brauchte ja überhaupt nicht real zu sein, es könnte auch nur ein Traum in einem Traum sein. Und es gibt auch kein überzeugendes Zwicken, das uns selbst beweist, daß wir wach sind und aus fester Materie bestehen. Was wir dabei empfinden würden, wäre nur die Deutung, die uns von Gehirn und Auge geliefert wird. Diese Erfahrung wäre das, was man ›subjektiv‹ nennt – abhängig von einem selbst. Um sicher zu sein, daß etwas wirklich ist und existiert, brauchen wir einen ›objektiven‹ Beweis – eine Realität, die außerhalb von uns existiert.

Nehmen wir einen Tisch. Wie können wir Sicherheit darüber gewinnen, daß dieser Tisch existiert? Das scheint zunächst einfach – wir können ihn ja sehen. Aber was ist das, was wir sehen können? Welch dumme Frage – das Ding steht doch vor uns! Angenommen, wir legen ein winziges Stück davon unter ein Mikroskop, was würden wir dann sehen? Ein ganz anderes Bild. Der Tisch als solcher ist unsichtbar geworden, statt seiner ist dort eine brodelnde, wirre Masse. Selbst wenn das Mikroskop so groß wäre, daß der ganze Tisch daruntergelegt werden könnte, wäre er nicht mehr der Gegenstand, den unsere Augen als ›Tisch‹ zu erkennen und zu nennen gelernt haben. Und doch ist er noch immer der Tisch. Wenn wir uns die Frage stellen, welches dieser beiden Bilder das wahre ist, muß die Antwort lauten, es hängt davon ab, was wir unter wahr verstehen. Beide sind ›wahr‹ – unter dem Mikroskop können wir viel mehr Einzelheiten als sonst sehen, und je mehr wir das verstehen, desto deutlicher begreifen wir, daß das, was unsere Augen sehen, tatsächlich sehr begrenzt ist. Die Dinge, die wir sehen, entsprechen dem Sehvermögen unserer Augen. Wir sehen nicht nur nicht alles, sondern wir sehen eigentlich sogar kaum etwas. Und dieser Gedanke ist recht entmutigend. Aber er ist die Folge der neuen Erkenntnisse. Unser Sehvermögen erzählt uns kaum etwas von unserer Welt. Es kann uns nicht einmal sagen, welche Farbe ein grünes Blatt hat, weil das, was Sie und ich grün nennen, zwei ganz verschiedene Dinge sein könnten, ohne daß wir es jemals wüßten. Als Kindern wird uns einfach gesagt, daß Gras grün ist, und selbst wenn Sie etwas sähen, was ich Purpur nennen würde, hätten Sie gelernt, es grün zu nennen. Die ganze Frage der Farben ist recht verwirrend, weil unsere Welt in Wirklichkeit völlig farblos ist! Was wir für Farbe halten, ist lediglich das Ergebnis der Art und Weise, wie unsere Augen die verschiedenen Wellenlängen des Lichts interpretieren. Mit anderen Worten: Niemals verändert der Himmel seine Farbe von Dunkelblau zu Rot oder von Gold zu einem bleichen Blau. Unsere Augen mögen annehmen, es erfolge eine Veränderung, aber es gibt keine. Nur die Moleküle in der Atmosphäre reflektieren jeweils unterschiedliche Teile des Lichtspektrums, weil die Umstände sich ändern. Die Luft in unserem Zimmer ist farblos. Und auch draußen ist sie farblos. Auch fünf Kilometer weiter ist sie farblos, und das ist sie auch noch hoch in der Stratosphäre. Es gibt dort keinen Punkt, an dem sie plötzlich farbig wird. Das ist nur eine Illusion, und unsere Augen haben unrecht.

Was wir sehen, ist ein ganz unvollständiges Bild der Welt. In einem gewissen Sinn ist es das Gegenteil von dem Sprichwort: »Vor lauter Bäumen sieht man den Wald nicht mehr.« Wir befinden uns in einer Situation, in der wir von oben ein ganzes System von ›Wäldern‹ sehen, aber niemals einen einzigen ›Baum‹. Nicht einmal das Auge eines Mikroskops hat bisher ein Atom gesehen, obwohl wir wissen, daß jedes einzelne Ding aus atomaren Geflechten besteht, die manchmal außerordentlich komplex sind. Wir tasten uns gewissermaßen blind in einem dichten ›Wald aus Bäumen‹ vorwärts, und der Wald ist so groß, daß wir kaum eine Möglichkeit haben, noch etwas anderes zu sehen. Nur über eine Sache können wir sicher sein, daß nämlich unsere Augen uns nicht allzuviel über unser Universum berichten können – warum sollten wir also erwarten, sie seien in der Lage, uns irgend etwas über Gott zu berichten.

Wenn wir uns selbst beweisen wollen, daß ein Ding existiert, benutzen wir gewöhnlich unsere Sinne – Sehvermögen, Gehör, Gefühl und Geschmack. Aber wenn unser Sehvermögen so außerordentlich begrenzt ist, wie zuverlässig sind dann unsere anderen Sinne? Die meisten Menschen werden zugeben, daß ihre Sinne wirklich recht stumpf sind. Sicher sind sie nicht so gut wie die Sinne der meisten Tiere, eine mögliche Ausnahme bilden nur Gefühl und Geschmack, die wir in weitaus höherem Maße, als Tiere es tun, benutzen. Was Sehvermögen, Gehör und Geruch anlangt, schlagen uns viele Tiere völlig. Da sie das wissen, wären die Menschen sehr töricht, wollten sie ihr ganzes Vertrauen auf eine Welt der subjektiven Sinneserfahrung setzen. Bei der Entdeckung der Welt, wie sie wirklich ist, sind unsere Sinne nicht sehr hilfreich.

Die Philosophen haben unterschieden zwischen der Welt, die wir zu kennen glauben (die sie die ›Welt der Phänomene‹ oder ›Sinneserfahrung‹ nennen) und der Welt, wie sie wirklich ist. Die Welt, wie sie wirklich ist, liegt im Reich der Ideen und Vorbilder, nicht aber in unserer mangelhaften Deutung dessen, was wir zu sehen glauben. Es besteht immer ein Unterschied zwischen der Erscheinung eines Dings und der Wirklichkeit des Dings selbst.

Nehmen wir als Beispiel eine rechteckige braune Tischplatte. Wir alle können uns mit unserem ›geistigen Auge‹ vorstellen, was eine rechteckige braune Tischplatte ist – aber wenn wir nicht absichtlich einige ganz besondere Bedingungen voraussetzen, können wir tatsächlich gar keine sehen. Wenn man von einem bestimmten Winkel aus auf sie sieht, ist sie gar nicht mehr rechteckig, obwohl wir genau wissen, daß sie es ist. Und sie wird auch nicht braun sein – einige Teile werden viel heller und andere dunkler sein, sie wird in verschiedenen Farben gesprenkelt sein. Mit anderen Worten: Was unsere Augen sehen, ist weder rechteckig noch braun.

Nehmen wir parallele Linien. Wir wissen, daß es sie gibt, aber wenn wir auf eine ganz gerade Straße blicken, werden wir sehen, daß die beiden Seiten in der Ferne zusammenlaufen, obwohl wir wissen, daß das unmöglich ist.

Wieder zurück zu unserem Tisch. Wir denken, wir wüßten, was der Tisch ist, obwohl wir nicht wirklich sehen können, wie er eigentlich ist. Als Begriffe in unserem Geist wissen wir, was eine rechteckige Tischplatte ist, was zehn Zentimeter hoch und was rechtwinklige Beine sind. Wir wissen, daß der Tisch aus diesen Teilen besteht. So können wir von mehreren Tischen sprechen:

A	B	C
Der wirkliche Tisch	Meine Vorstellung von dem Tisch nach den Begriffen in meinem Geist	Der Tisch, wie ich ihn vor mir sehe.

Es ist wichtig, daß man dem nächsten Schritt dieser Überlegungen folgt. Manche Leute glauben, nur der Tisch C sei wirklich, die anderen sind für sie nur Produkte der Einbildungskraft. Dort steht er – der Tisch, den ich vor mir sehe. Die Philosophen, die man ›Idealisten‹ nennt, würden dem widersprechen. Was als C gesehen wird, ist für sie nicht wahr, aber B ist wahr. Deshalb ist C eine Illusion, aber keine ›Wirklichkeit‹ – der ›eingebildete Tisch‹ B ist der wirkliche Tisch. B ist kein materielles Ding, sondern eine Abfolge von Vorstellungen in meinem Geist – dennoch ist er wahrer und darum auch wirklicher als C, das Ding, das ich mit meinen Händen anfassen kann.

Wie es auch sei, manche Denker weisen nachdrücklich auf die Bedeutung der Materie hin – wenn es keinen wirklichen physischen Tisch (A) gäbe, könnte ich auch keinen Begriff von ihm (B) haben, wenn ich auf den Tisch sehe, der vor mir steht (C). Mit anderen Worten: Wenn ich mir etwas in meinem Geist vorstellen kann, muß es auch existieren.

Was mein eigenes Ich betrifft – ich kann zwar nicht beweisen, daß ich existiere, aber ich kann denken – und ich denke, daß ich existiere. Wenn ich denken kann, dann muß es ein ›Ich‹ geben, das denkt.

Wenn ich weiß, daß ich jetzt gerade denke, brauche ich mich vielleicht gar nicht mehr zu zwicken.

Aber warum kann ich Gott nicht sehen? Ich glaube, das hängt davon ab, was ich eigentlich suche. Wenn ich nicht einmal mein eigenes wirkliches Selbst sehen kann, obwohl ich weiß, daß ich existiere, dann ist vielleicht der Versuch, einen Gott sehen zu wollen, von dem ich nicht ganz so sicher bin, daß er überhaupt existiert, der ganz und gar falsche Weg, einen Zugang zu ihm zu suchen. Es könnte sein, daß unsere menschlichen Augen nicht scharf genug sind, um auf ihn eingestellt zu werden, es könnte aber auch sein, daß Gott in gleicher Weise unsichtbar ist, wie mein wirkliches Selbst unsichtbar ist. Gerade weil die Bibel sagt, daß wir »nach dem Bild Gottes« geschaffen worden sind, bedeutet das nicht notwendig, daß Gott wie wir Arme und Beine besitzt. Vielleicht hat er gar keine menschliche Gestalt – nach allem, was wir wissen, könnte er wie ein Masernvirus oder wie ein Warzenschwein aussehen. Vielleicht ist er auch fett oder zahnlos oder glatzköpfig wie ein Ei. Man stelle sich den Schrecken von Männern vor, wenn sie feststellen müßten, daß Gott weiblich wäre!

Aber ein Gott mit einer Art Körper muß im Raum existieren, und unsere Wissenschaftler müßten ihn dann aufspüren können. Die meisten Menschen, die irgendeine Erfahrung von Gott besitzen, würden über diese Vorstellung lachen. Gott hat etwas mit Vernunft, absolutem Geist, Macht und Liebe zu tun. Und das sind Dinge, die man mit menschlichen Augen gar nicht sehen kann.

3
Warum können wir Gott nicht hören?

Anstatt zu fragen ›Warum kann ich Gott nicht hören?‹ könnten wir genausogut fragen: ›Warum spricht er nicht mit uns?‹. Warum können wir die Stimme des Herrn nicht hören?

Zuerst wollen wir die Möglichkeit bedenken, daß unsere Ohren einfach nicht empfindlich genug sind, um ihn sprechen zu hören. Wir haben schon festgestellt, daß unser Sehvermögen recht beschränkt ist in dem, was es überhaupt sieht. Es könnte sehr leicht sein, daß auch unser Gehör ebenso beschränkt ist. Die Erfindung von Mikroskop und Teleskop haben uns plötzlich bewußt gemacht, wie begrenzt unser normales Sehvermögen ist; unsere heutige Kenntnis von Radiowellen, Telefonen und Frequenzen hat die Reichweite unseres Gehörs gewaltig vergrößert. Vielleicht sind wir stolz darauf, daß wir das ›vollkommene Gehör‹ besitzen, aber in Wirklichkeit ist unser Hörvermögen gar nichts, verglichen mit dem eines Hundes oder einer Katze. Die Polizei benutzt manchmal Hundepfeifen, die absichtlich so hoch gestimmt sind, daß sie von Menschen nicht wahrgenommen werden können. Geräusche, die für unser Gehör zu hoch sind, werden als ›Ultraschall‹ bezeichnet, solche, die dafür zu niedrig sind, als ›Infraschall‹. Heute gibt es Apparate, die die Menge des von uns Gehörten messen, und obwohl die Hörfähigkeit eines Menschen niemals der eines anderen gleicht, sind sie doch einander bemerkenswert ähnlich und recht begrenzt.

Die meisten wissen, daß wir Geräusche in Frequenzen (oder Geschwindigkeiten) messen, aber nur wenige kümmern sich darum, was wir eigentlich messen. Was ist ein Geräusch wirklich? Die einigermaßen überraschende Antwort lautet, daß das, was wir Geräusch nennen, überhaupt nicht existiert; es ist nur eine Vorstellung in unserem Hirn. Geräusche entstehen, wenn durch das Zu- oder Abnehmen des Luftdrucks Schwingungen ausgelöst werden. Sie pflanzen sich durch eine Folge von Wellen fort, die von dem empfindlichen Mechanismus unserer Ohren aufgenommen werden. Die Schallwellen sammeln sich in dem Teil des Ohrs, der aus dem Kopf hervortritt, gelangen in die Höhlung und durchdringen ein fest gespanntes Stückchen Haut, das Trommelfell. Wenn sie dort auftreffen, versetzen sie es in Schwingungen, und diese Schwingungen werden durch das gegenseitige Anstoßen eines Systems kleiner Knöchelchen auf das innere Ohr übertragen. Das innere Ohr ist mit einer Flüssigkeit gefüllt; die Schwingungen pflanzen sich von hier auf die Nerven fort, von dort gelangen sie in das Gehirn. Und das Gehirn lernt schließlich durch Erfahrung, wie diese Schwingungen als Geräusche mit einem bestimmten Sinn zu deuten sind. Es scheint unglaublich, ist aber dennoch wahr.

Ein Geräusch ist also von drei Dingen abhängig: einem Urheber, (etwas, was ein Geräusch verursacht oder, richtiger, Schwingungen auslöst), einer Bewegung und etwas, was bewegt werden kann. Wenn nichts dieses Geräusch verursachte, würde es offensichtlich überhaupt nicht existieren. Wenn die Bewegung unmöglich wäre, dann könnten sich die Wellen nicht fortpflanzen. Und wenn es nichts gäbe, was die Wellen durchlaufen könnten, dann gerieten sie in eine Sackgasse und würden einfach aufhören. Es ist so, als stellte man eine Reihe von Dominosteinen auf und stieße dann den ersten um: er würfe den nächsten um und so weiter. Wenn der erste Dominostein aber zu weit weg ist, dann bleibt die Kettenreaktion aus.

Eine Menge von Schallwellen läuft durch die Luft. Die Luft ist für die Schallwellen ein vollkommener Leiter, weil sie aus winzigen atomaren Partikeln besteht. Wenn man diese atomaren Partikel aus der Luft extrahierte, bestünde statt der Luft ein Vakuum. Wenn man einen Wecker in ein Vakuumgefäß stellt und die Luft absaugt, wird man nicht das Geringste hören, wenn der Wecker schellt.

Weil wir aber nicht in einem Vakuum leben, nehmen unsere Ohren Schwingungen auf und deuten sie als Geräusch. Wir haben es gelernt, unsere eigenen Stimmbänder auf verschiedene Weise in Schwingungen zu versetzen, so daß andere die Möglichkeit haben, das, was wir sagen, auch zu verstehen. Notwendig für eine akustische Kommunikation sind zwei Dinge – unsere Ohren und unser Gehirn. Wenn unsere Ohren nicht richtig funktionieren, dann gibt es für uns überhaupt kein Geräusch mehr. Wir könnten uns anderen nur dann mitteilen, wenn wir unser Gehirn benutzen und uns auf unsere Augen verlassen. Wenn unsere Augen nichts sehen, entstehen große Probleme für uns. Ein buddhistisches Gedankenspiel handelt von einem Baum im Dschungel. Wenn er in die Tiefe des unbewohnten Dschungels fällt, wo niemand lebt, der das hören könnte, wo es kein Trommelfell gibt, das dieses Geräusch aufnehmen könnte – können wir dann eigentlich behaupten, das Geräusch habe überhaupt existiert? Man sieht, alles hängt davon ab, was wir unter Geräusch verstehen. In dem Beispiel des Baumes gibt es einen Verursacher von Schwingungen, aber niemand, der sie interpretiert. Es muß aber noch ein Empfänger dasein, der ihnen eine Bedeutung gibt, und dafür ist irgendein Gehirn nötig.

Möglicherweise spricht also Gott wirklich, aber entweder sind unsere Ohren nicht empfindlich oder fein genug, die Schwingungen aufzunehmen, oder unser Gehirn ist nicht hoch genug entwickelt, um die Schwingungen, die es aufnimmt, sinnvoll zu deuten. Vielleicht sind wir einfach nicht richtig eingestellt.

Aber die Menschen in der Bibel haben ihn doch gehört? Auf diesen Einwand sind alle möglichen Antworten denkbar. Zunächst einmal wissen wir nicht sicher, daß irgend jemand in der Bibel beansprucht hat, er sei fähig, Gott ›mit seinen Ohren‹ zu hören. Es besteht ein himmelweiter Unterschied zwischen einer wirklichen Stimme und einem Propheten, der einen göttlichen Gedanken in seinem Kopf empfangen hat. Die Stellen der Bibel, an denen die Stimme Gottes erwähnt wird, müssen anders interpretiert werden. Bei Johannes 12,28–30 etwa wird von einer Stimme aus dem Himmel berichtet, die zu Jesus gesprochen hat, aber die Menge, die dabeistand, hörte sie lediglich als Donner. Das Zeichen, die Stimme oder die Intuition war bei dieser Gelegenheit nur für die bestimmt, die »Ohren haben, um zu hören«. Wenn Gott wirklich spricht, ist das etwas, was die gewöhnlichen Menschen der Bibel ebensowenig hören konnten, wie Sie oder ich. Wahrscheinlich das auffälligste Beispiel einer Erwähnung der Stimme Gottes in der Bibel ist der Ruf an Samuel, der in 1 Sam 3 erzählt wird. Aber selbst hier, in Vers 10, wird die Tatsache berichtet, daß »der Herr kam und da stand . . .«, wiederum ist die Stimme vielleicht Teil einer Engelerscheinung – und Engel kann hier als eine quasiphysische Materialisierung aus dem ›Jenseits‹ oder von Gott verstanden werden, um sich bestimmten Menschen mitzuteilen, die für solche Phänomene aufnahmefähig sind. Und doch ist es unwissenschaftlich, einen Propheten einfach als eine Art psychisches Medium zu verstehen, denn kein Mensch würde behaupten, die Gabe der Propheten bestünde nur in solchen Möglichkeiten, die auch die Masse der anderen Leute besaßen. Als die Prophetengabe sich unter den ersten zum Christentum Bekehrten ausbreitete, verstand man das als Folge davon, daß diese Menschen vom Heiligen Geist ›ergriffen‹ waren. Diese Christen hätten niemals gesagt, sie gehörten zur Masse der Leute – durch diese Zeichen konnten sie zeigen, daß sie anders waren.

Wenn man nun fragt, warum die Kirche solche Zeichen des Heiligen Geistes nicht mehr aufweist, dann kann man entgegnen, daß a) einige sie besitzen, daß b) schon der heilige Paulus sie mißbilligte wegen ihrer berauschenden Wirkung und ihrer Tendenz, die Menschen von dem ernsthaften Bemühen, anderen zu helfen, abzuhalten und daß c) ein unvermeidlicher Verlust in einer Zeit eingetreten ist, die ihre Spiritualität verloren hat. Wenn man mit den Gaben des Heiligen Geistes lebt, dann erfordert das den Verzicht auf sich selbst, das Bewußtsein eines starken Gefühls, die Bereitschaft, ein Gegenstand des Spottes zu werden oder zu erleben, daß die anderen aus Abscheu oder sogar Furcht vor einem zurückweichen. Das ist nicht gerade die Art des modernen Mitteleuropäers – wir sind eher gelassen, phlegmatisch und schüchtern. Vielleicht ist das ein Urteil über uns, vielleicht aber haben wir uns auch einfach in andere Richtungen entwikkelt und entfaltet.

Aber die Fähigkeit, Gottes Gegenwart wahrzunehmen, ist entscheidend, wenn wir zeigen wollen, daß er existiert. Die Alternative dazu besteht darin, zu der Vorstellung zurückzukehren, daß Gott eine Art Stimme besitzt. Wenn er eine physische Stimme hätte, würde das auch bedeuten, daß er einen Mund und Stimmbänder hätte, und sie müßten sich dann in einer Art Gesicht befinden, das vermutlich zu einer Art Leib gehörte. Wenn er eine solche physische Gestalt besäße (die meisten religiösen Menschen würden diese Vorstellung nicht ernst nehmen), müßte er auch einen Platz im Raum einnehmen.

Wir wissen, daß im Raum nichts stillsteht. Sterne rasen in unvorstellbarer Geschwindigkeit von uns weg. Wir können nicht einmal sehen, was eigentlich geschieht, denn alles, was wir sehen, sind die Lichtstrahlen, die schon vor Jahrhunderten von diesen Sternen ausgegangen sind. Damit verglichen, sind die Schallwellen recht langsam. Sogar einige unserer Flugzeuge sind schneller als der Schall. Selbst wenn Gott uns so nahe wäre wie der nächste Stern und er spräche zu uns, würde seine Botschaft erst lange nach unserem Tod ankommen. Um uns zu erreichen, hätte er schon mehrere Jahrhunderte vor unserer Geburt zu uns sprechen müssen. Diese Vorstellung ist absurd. Aber angenommen, er wäre uns näher, er schwebte irgendwo in unserem Sonnensystem? Wenn das zuträfe, hätten wir ihn mittlerweile wohl aufgespürt. Ein so mächtiger Sender wäre von unseren Apparaten rasch entdeckt worden, die sogar Radiosterne in den unvorstellbaren Tiefen des Raumes orten können.
Wir begreifen leicht, wie kindisch eine solche Vorstellung ist, die so eitel ist, anzunehmen, wir könnten Gott in einer menschlichen Stimme zu uns sprechen hören – und natürlich in unserer eigenen Sprache. Diese Vorstellung war einmal sinnvoll bei einem griechisch sprechenden Jesus zu einer Zeit, als die meisten Leute auf der Welt Griechisch verstanden, aber wenn sich Gott auf meine Sprache beschränken wollte, dann wäre das schrecklich unfair gegenüber allen Ausländern. Vielleicht hätte Gott die Güte, verschiedene Botschaften in verschiedenen Sprachen zu sprechen. Ich glaube aber, daß eine solche Kakophonie aus dem Himmel uns verrückt machen würde. Das Piepsen und Zwitschern von Computern wäre dafür passender – aber nur wenige von uns könnten es verstehen. Tatsächlich empfangen die in den Weltraum gerichteten Antennen Geräusche aus dem All, aber nur wenige haben versucht, uns einzureden, es sei Gott, der da durchzukommen versuche.
Trotz all diesem Unsinn haben immer wieder Menschen behauptet, die ›kleine, schwache Stimme‹ gehört zu haben. Sie hat ihr Leben verändert, hat das Schicksal ganzer Völker verändert. Zyniker mögen darüber spotten und sagen, das alles sei ganz subjektiv, und unbeweisbar – aber führt die Fülle der Indizienbeweise zu nichts? Es ist richtig, daß ich einen Gedanken als die leitende Stimme Gottes erkennen kann, aber wenn ein anderer sie nicht vernimmt, kann er

leicht sagen, es sei nur mein eigener Geist, gleichgültig wie wenig er auch zu meinem Charakter passen mag. Es könnte mein Über-Ich oder irgend etwas anderes sein.

Dennoch fürchte ich, daß, wenn ich wirklich eine Stimme aus dem Himmel hörte, sie mich zum Zyniker werden ließe. Ich wäre vielleicht bereit, an Stimmen von Raummenschen, Geistern, Russen oder selbst von einer Art Engel zu denken – nicht aber an die Stimme Gottes.

4
Hat Gott einen Leib?

Es gibt also Probleme, wenn man Gott sehen oder hören will. Aber vielleicht ist das alles zu kompliziert. Gewiß ist es eine einfachere Frage, ob Gott existiert oder nicht? Entweder existiert er, oder er existiert nicht. Wenn wir annehmen, daß er existiert, muß er gewiß irgendwo sein. Irgendwo, irgendwie muß er in dieser Welt der Materie stecken. Er muß einen Aufenthaltsort haben, er muß Raum einnehmen, und daher müßte man ihn physisch fassen können. Mit anderen Worten, wir müßten unseren Tastsinn gebrauchen können.

Die Religion sollte sich vielleicht mit den Astronauten bei ihren Unternehmungen verbünden, um Gottes Aufenthaltsort ganz genau auszumachen und ihm ins Gesicht zu schauen. Vielleicht werden wir eines Tages wie Stanley, als er in den Tiefen des Dschungels Livingstone traf, auf ihn zugehen und ihm die Hand schütteln: »Der Herr des Himmels, vermute ich?« Vielleicht könnten wir ihn dann um eine Erklärung für all die Unglücksfälle bitten, die uns zugestoßen sind, für all die Dinge, die schiefgegangen sind – oder vielleicht würden wir ihn nur aus dem gefährlichen Weg wegschieben und die Erforschung des Weltraums fortsetzen.

Einige werden diese Gedankenspiele mit skeptischen Augen lesen. Was für ein Unsinn! Und doch stellen sich noch heute hunderte von Kindern Gott als einen alten Mann im Himmel vor, als einen himmlischen Weihnachtsmann. Beginnt nicht schon das Gebet des Herrn mit den Worten »Vater unser im Himmel«? Wenn wir schon einen Vater im Himmel haben, warum sollten wir dann nicht unseren Tastsinn benutzen, um zu beweisen, daß es ihn gibt?

Manche Stellen in der Bibel geben Gott verschiedene physische Attribute. Er geht in der Kühle des Tages durch den Garten Eden und plaudert mit Adam und Eva (Gen 3,8). Er wendet Mose den

Rücken zu, weil schon ein flüchtiger Blick auf sein Antlitz ihn verbrennen und zerstören würde (Ex 33). Er ringt mit Jakob am Jabbok und schlägt ihn so auf die Hüfte, daß sie für immer ausgerenkt bleibt (Gen 32). Er erscheint in einer außerordentlichen Flugmaschine (die manche als ein Raumfahrzeug von einem fernen Planeten gedeutet haben) dem Propheten Ezechiel (Ez 1). Aber diese Hinweise sind selten und unbestimmt und haben den Exegeten schon lange vor der Zeit Christi große Schwierigkeiten bereitet. Im Neuen Testament scheinen die Autoren viel Mühe damit gehabt zu haben, einen nicht-physischen Gott darzustellen. Er ist Geist (Joh 4,24), und niemand hat ihn jemals gesehen (Joh 1,18 und 1 Joh 4,12).

Wir wollen wieder zum Problem des Tastsinns zurückkehren; wir haben die Natur der Dinge betrachtet, so wie sie uns erscheinen. Wir müssen noch etwas genauer darauf eingehen. Wenn ich einen Apfel auf einem Tisch sehe, denke ich automatisch gewisse Dinge über ihn. Ich denke, da liegt er, er ist unbeweglich, er ist fest, und wenn ich ihn anfasse, werde ich ihn fühlen. Was könnte daran falsch sein? Bedauerlicherweise fast alles. Und es ist so viel, daß es schwierig ist, dabei einen Anfang zu finden. Ich kann nicht sicher sein, daß er wirklich daliegt, bevor ich ihn berührt habe, daher ist mein erster Gedanke nur eine Vermutung, die darauf wartet, durch einen Versuch bewiesen zu werden. Ich könnte mich irren. Unglückliche Reisende sind in der Wüste durch das, was sie für Seen gehalten haben, in die Irre geführt worden. Menschen, die unter Hypnose, unter Drogen stehen oder ermüdet sind – sie alle berichten, daß ihre Augen sie durch Halluzinationen getäuscht haben. Sogar vernünftige, gesunde und normale Leute sehen manchmal Dinge, die einfach nicht existieren – man stecke nur einmal einen ganz geraden Strohhalm in ein Glas voller Wasser.

Angenommen, der Apfel liegt wirklich da. Was man sehen kann, ist vielleicht unbewegt, aber ich hoffe, daß Sie mit mir darin übereinstimmen, daß der Apfel selbst nicht unbewegt ist (man lege nur ein Stückchen davon unter ein Mikroskop). Mit einem Instrument, das stark genug ist, kann man die Zellstrukturen in einem Apfelteilchen erkennen und die höchst faszinierende Tatsache entdecken, daß jede einzelne Zelle lebt. Und jede einzelne ist aus etwas gemacht. Wenn man noch stärker vergrößert, können die Biologen zeigen, daß jede Zelle aus Molekülen besteht. Und wir wissen, daß Moleküle wiederum aus ›Dingen‹ bestehen, die mit bloßem Auge noch niemals gesehen worden sind, nicht einmal durch ein Mikroskop – nämlich aus Atomen.

Später werden wir ausführlicher betrachten, was ein Atom wirklich ist. Jetzt wollen wir einfach annehmen, daß es eine Art konzentrierter Energie ist, die von elektrischen Ladungen umgeben wird. Nun ist es einer der Grundgedanken der Philosophie, daß ein Ding entweder existiert oder nicht existiert. Wenn es nicht existiert, existiert es nicht, und was denken wir, daß wir eigentlich tun, wenn wir versuchen, daran zu denken? Wenn ein Ding wirklich existiert, muß es aus irgend etwas bestehen, und die Frage ist, aus was es besteht. Wenn ein Ding überhaupt aus irgend etwas besteht, dann nennen wir diesen Stoff Materie. Ein Ding muß entweder aus Materie bestehen oder aus den Abständen zwischen verschiedenen Materieteilchen; in diesem Fall sprechen wir von Raum (nicht zu verwechseln mit dem Weltraum). Man sagt, alle Materie nimmt Raum ein. Wenn es nur Raum gäbe, dann gäbe es dort tatsächlich überhaupt nichts. Weil es dort aber etwas gibt, muß irgendwie Materie daran beteiligt sein. Weil aber alles, was existiert (nach unserer Kenntnis), aus Atomen besteht, die grundsätzlich elektrische Ladungen sind, wie können wir dann behaupten, daß die Materie wirklich existiert? Noch niemand hat zwingend nachgewiesen, daß sie existiert – obgleich es zweifellos viele Menschen gibt, denen der Beweis von Dr. Samuel Johnson genügt. Er trat nur mit seinem Fuß gegen einen Stein.

Es hängt viel davon ab, wie man Materie definiert – allzu einfach ist die Annahme, sie sei ›fest‹, was eindeutig falsch ist. Wir können so weit gehen zu sagen, Materie ist das, was nicht bloß Raum ist. In den Atomen, aus denen alles besteht, gibt es tatsächlich mehr Raum als Materie, viel mehr sogar. Ob nun ein Atom Materie hat oder nicht, es ist sicher nicht ›fest‹. Darum ist auch eine Reihe von Atomen nicht fest. Darum ist auch ein Apfel, der aus einer Reihe von Atomen besteht, kein fester Körper, ebenso mein Finger (auch er besteht aus Atomen), und darum kann theoretisch auch mein ›Ich‹ den ›Apfel‹ nicht berühren. Aber ich kann ihn doch fühlen? Das hängt ganz davon ab, was man unter ›fühlen‹ versteht. Fühlen ist wie Hören eine Funktion des Gehirns. Wenn die Nerven einer Hand gelähmt sind, fühlt man nichts. Man kann die Fähigkeit zu fühlen unter Hypnose oder in Kontemplation verlieren. Diese Fähigkeit wirkt sich auch in der umgekehrten Richtung aus. Soldaten, die ein Bein verloren haben, sagen oft, daß sie noch immer ein Kribbeln in dem Glied empfinden, das schon längst nicht mehr existiert. Man kann selbst einen Versuch anstellen. Man nehme einen scharfen Gegenstand – eine Nadel oder einen Zirkel – und führe ihn langsam immer näher an die Handfläche oder an die Nasenspitze. Schon bevor man die Haut wirklich berührt hat, sollte man versuchen, die Entfernung zu messen, bei der man ihn schon gespürt hat. Außer geborenen Lügnern werden alle über die unterschiedlichen Ergebnisse verblüfft sein.

Das Gefühl trügt. Was man fühlt, hängt davon ab, was man gegenüber dem Objekt, das man berührt, empfindet. Viele Leute würden ganz gern ihre Hand in Himbeergelee stecken, könnten sich aber nicht vorstellen, daß sie das auch bei Froschlaich täten. Das gilt für Zuckerwatte und Spinngewebe und noch viele andere Dinge.

Wir berühren viele Dinge, und wir werden von vielen Dingen berührt, die wir überhaupt nicht wahrnehmen. Alles, was wir sicher sagen können, ist, daß wir das Gefühl einer Berührung dann erleben, wenn wir mit Objekten, die größere Ansammlungen von Atomen sind, zusammenstoßen, mit Dingen, die schon für das bloße Auge erkennbar sind und die eine Dichte besitzen, die von uns bemerkt werden kann.

Ich kann mich hinsetzen, ohne durch meinen Stuhl zu gehen, und ich kann nicht durch die Wand gehen. Obgleich sie außerordentlich verschieden sind, gehören doch Wand, Stuhl und ich zu einer ähnlichen Welt. Wenn ich ein Geist wäre und eine andere Art von Welt bewohnte mit einer ganz anderen Abstufung von Dichtigkeiten, dann könnte ich vielleicht durch den Stuhl und die Wand gehen.

Woher nur soll ich wissen, ob nicht ganz andere Welten, von ganz verschiedener Dichte und Größe dauernd durch mich hindurchgehen – oder ob ich in meiner Welt einfach durch andere, größere und viel weniger dichte Objekte hindurchgehe? Wir werden später darüber nachdenken, wenn wir über Einstein und seine Theorie von der

Relativität der Zeit sprechen. Jetzt wollen wir nur die Tatsache festhalten, daß das Ganze des Universums, wie wir es kennen, sich von unserem Blickwinkel aus relativ zu uns verhält – und daß es sehr wahrscheinlich nicht das Universum ist, wie es wirklich ist.
Warum können wir also Gott nicht berühren? Vielleicht berühren wir ihn dauernd. Vielleicht gehen wir durch ihn hindurch. Vielleicht sind wir alle ein Teil von ihm, und wir wissen es nur nicht – so wie unsere Zellen Teile von uns sind. Wir kennen darauf keine Antwort, aber so viel ist doch gewiß: daß es keinen großen alten Mann gibt, der auf einem Wolkenthron sitzt und uns beobachtet, wie wir uns anstrengen, und der über uns lacht.

5
Existiert Gott überhaupt in einem physischen Sinn?

Wenn Gott kein großer alter Mann im Himmel ist, wie sollen wir ihn uns dann vorstellen? Ein Philosoph des Mittelalters, Anselm von Canterbury, hat Gott definiert als »das, worüber hinaus Größeres nicht gedacht werden kann«. Mit anderen Worten, es wurde angenommen, Gott sei das große Unbekannte auf dem höchsten Gipfel der Vollkommenheit. Wir befinden uns zwar auf Treibsand, wenn wir zu bestimmen versuchen, wie Gott ist, aber über eines müssen wir ganz sicher sein: daß Gott gut und nicht böse ist. Alles, was gut ist, gehört zu der Rangordnung der Werte ›gut – besser – am besten‹. Ein Ding ist entweder nicht so gut oder besser als irgendein anderes. Die Rangordnung der Werte geht vermutlich immer höher bis ins Unendliche, oder sie führt zu einem höchsten Gipfel, den wir ›das Beste‹ nennen könnten. Nicht alle Dinge haben denselben Wert – manche Dinge sind schlecht, und manche sind gut. Manche sind besser. Man muß annehmen, daß es ein Bestes gibt. Anselm hat Gutsein mit Größe identifiziert, und was immer es auch war, es war für ihn das Höchste an Vollkommenheit, das, was wir Gott nennen können.

Sein nächster Gedankenschritt war der Versuch, zu beweisen, daß Gott schon von der Definition her existieren muß. Die Existenz Gottes war gewiß eine logische Konsequenz, die nicht bestritten werden konnte. Wenn Gott schon von der Definition her der Gipfel der Vollkommenheit war, dann *mußte* er existieren, weil niemand glauben könnte, der Gipfel aller Vollkommenheit sei etwas Imaginäres. Ein imaginärer Gott ist *nicht* vollkommen, er ist weit davon entfernt. Ein imaginärer Gott existiert einfach nicht. Ein Ding, das vollkommen sein soll, *muß* existieren. Wirklichkeit ist darum ein wesentlicher Bestandteil des Vollkommenseins. Wenn die Vollkommenheit der Gipfel der Rangordnung der Werte ist, dann muß der Gipfel (also Gott) wirklich sein und existieren.

Für Anselm war diese logische Beweisführung evident. Aber viele Leute haben seine Meinung nicht geteilt, zu ihnen gehörte auch Immanuel Kant. Er untersuchte die einfache Feststellung ›Gott existiert‹, die für Anselm unwiderleglich war, und wies darauf hin, daß alle Aussagen über etwas zu zwei Arten gehörten: Sie sind entweder analytisch oder synthetisch.

Eine analytische Aussage ist eine Feststellung, in der die Bedeutung des Prädikats des Satzes bereits im Subjekt enthalten ist – zum Beispiel ›Alle Junggesellen sind unverheiratet‹ oder ›Alle verbeamteten Lehrer haben ein Examen abgelegt‹. Wenn es aber möglich ist, eine Ausnahme von dieser Aussage festzustellen – dann ist sie synthetisch und nicht analytisch. Alle synthetischen Behauptungen können bestritten werden. Zum Beispiel ›Alle Schwäne sind weiß‹ oder ›Alle Mütter sind glücklich‹ oder ›Alle Lehrer sind unfehlbar‹. Es könnte möglich sein, einen schwarzen Schwan, eine weinende Hausfrau oder einen unwissenden Lehrer zu entdecken, und damit wären diese Aussagen unrichtig. Sie sind nicht in sich selbst evident.

Anselm hat geglaubt, die Feststellung ›Gott existiert‹ sei evident. Bedauerlich für ihn, daß er sich darin vielleicht geirrt hat. Es ist möglich, daß Gott nicht existiert – Anselms Behauptung könnte (und es ist oft geschehen) auch bestritten werden. Ohne einen Beweis ist diese Behauptung völlig sinnlos, und Ihre Meinung darüber ist nicht besser oder schlechter als meine oder als die Anselms.

Wie steht es aber mit der Idee von gut – besser – am besten? Ist auch sie falsch? Vielleicht nicht falsch, aber wiederum bedeutungslos, wenn man nach Beweisen fragt. Ein Ding gut oder besser zu nennen, setzt eine Rangordnung der Werte voraus. Wir müssen aber die Frage stellen ›besser für wen‹? Was gut oder besser für uns ist, wäre vielleicht für die Masernviren, eine Wasserratte oder Unkraut, das in einem gepflegten Garten wuchert, nicht gut. Jede Ordnung der Werte ist notwendigerweise von jemand oder vom Standpunkt eines anderen abhängig.

Das zweite sinnlose Moment an der Idee von Gott als *dem Besten*: *Worin* ist er der Beste? Jedes Talent hat seine eigene Rangordnung von Werten. Welches Recht haben wir zu dem Schluß, daß Gott der der allergrößte, vortrefflichste, sanfteste, gütigste, liebevollste oder gerechteste Vollbringer guter Taten ist – und nicht etwa der beste Tänzer, Fußballspieler oder Maler? Wenn Gott der Freundlichste, Ehrenhafteste, Tapferste, Gnädigste und Großzügigste ist, woher wissen wir, daß er nicht auch der Geringste, der Schmutzigste und Armseligste ist?

Kehren wir wieder zu unserer Rangordnung der Werte zurück. Alle Wertvorstellungen sind abhängig vom Standpunkt bewußter Wesen. Das führt uns zu einer alten Frage, dem sogenannten Kontingenzproblem. Das Wort ›kontingent‹ bedeutet einfach, daß ein Ding existieren oder nicht existieren kann. Meine Tasse Tee existiert, aber sie hätte durchaus auch nicht existieren können. Sehr leicht könnte sie bald zu existieren aufhören, wenn die Umstände sich ändern. In diesem Augenblick aber existiert sie. Ebenso dieses Universum. Es existiert (wenigstens denken wir, daß es existiert), aber es könnte auch nicht existieren. Weil wir denken, daß es existiert, könnten wir leicht aufhören, uns zu fragen, warum es denn existiert. Die Teetasse ist nicht zufällig entstanden – wir wissen, wie und warum sie geschaffen worden ist. Wie steht es aber mit dem Universum? Warum ist es überhaupt entstanden, und warum in dieser besonderen Gestalt und Form?

Es wäre sehr leicht möglich gewesen, daß unser Universum niemals entstanden wäre oder daß es entstanden wäre, ohne lebendige und bewußte Geschöpfe zu enthalten. Soweit wir wissen, enthält das ganze Universum knapp hundert verschiedene Elemente, aus denen alles gemacht worden ist. Wir sind daran gewöhnt, daß alles im Universum darauf eingestellt ist, Lebewesen zu erzeugen, Lebewesen, von denen wir selbst nur ein Sonderfall sind. Und doch ist das Leben überhaupt nur bei bestimmten Temperaturen, in bestimmten Entfernungen und bestimmten Umlaufbahnen von Sternen möglich. In unserem Sonnensystem ist die Erde der einzige Planet, der Leben in der Form, wie wir es kennen, ermöglicht. Wenn die Erde aus ihrer Umlaufbahn geriete, würde das Leben hier nicht mehr lange dauern. Wahrscheinlich besitzt ein einziger Fixstern nur alle 100000 Jahre einen Planeten, der ihn in der engen Zone, in der Leben möglich ist, umkreist. Das Leben, so wie wir es kennen, ist wahrscheinlich ein ganz unbedeutendes Nebenprodukt des Universums, vielleicht sogar das Ergebnis eines Unfalls. Das Leben ist vielleicht ein Phänomen von Kohlenstoffverbindungen. Der Kohlenstoff hat die besondere Fähigkeit, Atome miteinander zu verbinden. Die kleine Gruppe der Elemente Wasserstoff, Sauerstoff und Stickstoff bildet nicht viele eigene Verbindungen, aber zusammen mit Kongen sind für die meisten anderen Atome bedeutungslos, aber von außerordentlicher Wichtigkeit bei Nickel, Eisen und Kobalt (26 bis 28 Elektronen). Die Radioaktivität beschränkt sich auf Atome mit 83 bis 92 Elektronen. Das alles weist darauf hin, daß wir das Leben wie den Magnetismus oder die Radioaktivität als eines der chemischen Phänomene unseres Universums betrachten müssen.

Wenn man diesen Überlegungen gefolgt ist, taucht ein verwirrender Gedanke auf – er ist als das zweite thermodynamische Gesetz bekannt. Es stellt grundsätzlich fest, daß Körper mit größerer Wärme allmählich zu Körpern mit geringerer Wärme werden, bis schließlich ein Punkt erreicht wird, an dem alle Wärme oder Energie gleichmäßig verteilt ist und alle Körper die gleiche Temperatur aufweisen. Es ist betrüblich für uns, daß diese Temperatur für das Leben viel zu kalt sein wird. Der Naturwissenschaftler sieht Ziel und Schicksal des Lebens als ein Stolpern zum Tode hin, in einem Universum, das eindeutig nicht für das Leben geplant ist. Es steht ihm völlig gleichgültig, man könnte sogar sagen: feindlich, gegenüber.

Warum also leben wir? Wenn man alle Bedingungen bedenkt, die notwendig sind, damit überhaupt Leben existiert, dann ist es fast wunderbar, daß es wirklich existiert. Warum existiert es? Und warum scheint das Leben nach allen Erfahrungen, die wir durch die Jahrtausende gehabt haben, immer bewußter zu werden, immer aufmerksamer für Werte, und warum scheint es sich während der ganzen Zeit ›aufwärts‹ zu entwickeln? Gott wird manchmal recht unliebenswürdig ein ›Lückenbüßergott‹ genannt, weil wir dazu neigen, immer dann seinen Namen zu nennen, wenn wir auf etwas keine Antwort mehr wissen. Das ist eine berechtigte Kritik, aber die Entscheidung darüber, ob es eine faire Kritik ist, liegt bei Ihnen selbst. Die Antwort auf die Frage, warum wir existieren und warum wir Werte besitzen, bleibt eine Lücke. Die Antwort muß notwendigerweise subjektiv sein. Aber wenn Leben und schöpferische Kraft mehr wert sind als Nichtleben und unschöpferische Schwäche, dann kann es letzte Werte geben, und unsere Suche nach Gott sollte sich daran machen, die verschiedenen Werte der Dinge zu analysieren.

Aber wieder zurück zu Anselms Problem. Gott muß zweierlei sein – er muß das Größte sein, und er muß existieren. Wenn aber ein Ding existiert, hat es bestimmbare Grenzen. Wenn ein Ding eine bestimmbare Grenze hat, dann ist es immer möglich, sich noch etwas Größeres vorzustellen. Zum Beispiel gibt es keineswegs das umfangreichste Buch aller Zeiten – wenn einmal dieses alle Rekorde schlagende Buch geschrieben ist (und existiert), dann kann es auch geschlagen werden. Alles, was existiert, ist auf die gleiche Weise begrenzt – es hat vermutlich Form, Umriß, Dichte und so weiter, und seine Rekorde brechende Leistung besteht in der Herausforderung, einmal geschlagen zu werden. Und etwas, was größer als es ist, kann man sich gewiß vorstellen. Selbst wenn jemand einen Kilometer in einer Minute läuft, kann ich mir ganz leicht jemanden vorstellen, der noch weniger Zeit dafür braucht. Wenn Gott das ist, über das hinaus man sich nichts Größeres vorstellen kann, wie Anselm gedacht hat, können wir dann noch behaupten, er existiere in dem Sinn, in dem wir gewöhnlich Existenz verstehen? Wenn wir darauf bestehen, daß Gott existiert, dann zwingen wir ihm bestimmte Grenzen auf, und es müßte dann möglich sein, sich etwas Größeres vorzustellen, das über diese besonderen Grenzen hinausgeht. Es ist aber auch nicht sinnvoll anzunehmen, Gott schwanke hin und her – wenn er sich von einem Ding in ein anderes, besseres verwandelt, dann war er anfangs nicht vollkommen, und weil alle Veränderungen unendlich weitergehen können, hat er wahrscheinlich auch jetzt noch nicht seinen letzten Zustand der Vollkommenheit erreicht, in diesem Fall ziehen wir uns selbst den Boden unter unserer ganzen Überlegung fort.

Ein Gott, der wirklich ist, ist offensichtlich größer als ein Gott, der nicht wirklich ist, sondern nur ein Produkt unserer Phantasie. Wenn wir nicht glauben, daß Gott wirklich ist, dann können wir uns offensichtlich aber einige wirkliche Dinge denken, die größer als er sind. Wenn aber Gott nach der Definition das ist, über das hinaus Größeres nicht gedacht werden kann, dann muß er existieren. Existenz ist dann ein notwendiger Teil seiner Vollkommenheit.

Vielleicht hat uns unsere Sprache eine Falle gestellt. Wenn wir sagen, ein Ding existiert, dann neigen wir dazu anzunehmen, es ›existiere physisch, wie ein Ding‹. Wenn wir jedoch beweisen könnten, daß auch Dinge, die keine physischen Eigenschaften besitzen, wirklich existieren können, dann wäre es uns bei dieser Frage etwas wohler. Man denke an das Beispiel des umfangreichsten Buches der Welt. Es besteht die Möglichkeit, es noch zu erweitern, bis zur Unendlichkeit – und doch muß das umfangreichste Buch tatsächlich existieren. Es existiert auch wirklich, als eine Vorstellung in meinem Geist. Es besitzt eine geistige Realität, wenn es keine physische hat. Einmal wird es geschrieben werden, dann wird es ein existierendes Ding, es wird dann in die Dimension der Zeit eingefangen. Um das umfangreichste Buch zu bleiben, muß es ungeschrieben bleiben – es muß eine Vorstellung bleiben.

Ist das eine Möglichkeit, sich Gott vorzustellen? Ist er das Ewige und Äußerste an Vollkommenheit und Größe, das niemals den Begrenzungen von Dasein und Zeit unterworfen sein wird, weil er nicht die Art und die Begrenzungen der Existenz besitzt, wie wir sie kennen?

Wäre es uns möglich, uns ein vollkommenes Wesen vorzustellen, das nicht existieren könnte? Wenn man glaubt, eine solche Frage sei unvernünftig, dann muß man sie genauer betrachten. Das einzige wirkliche Problem liegt in der Beschränkung des Begriffs von Existenz auf ›physische Existenz‹. Es gibt verschiedene religiöse Denkrichtungen in dieser Welt, die eine ›Materialisierung‹ für unfein und verknechtend halten – in diesem Fall wäre die einzige Gottesvorstellung, die sie als vollkommen akzeptieren könnten, ein Wesen, zu dessen Eigenschaften die Existenz nicht gehörte. Wenn man verschiedene Religionen miteinander vergleicht, kommen sie sich in ihren mystischsten Gedanken am nächsten. Für einen Christen stellt Gott ›das Sein selbst‹ dar oder vielleicht das ›unbegrenzte Sein‹ – für einen Buddhisten ist Gott das ›Nichtsein‹.

Wir wollen mit einem hübschen kleinen Problem aufhören. Gott ist das, über das hinaus Größeres nicht gedacht werden kann. Wenn ich mir aber Gott überhaupt vorstellen kann, dann ist es mir, wenn ich ein wenig klüger geworden bin, eines Tages auch möglich, ihn mir besser oder vollständiger zu denken. Dann hat meine ursprüngliche Vorstellung gar nicht den wirklichen Gott erfaßt. Ist die Behauptung, meine Vorstellung von Gott sei jetzt vollkommen, nun richtig oder falsch? Sie könnte auch falsch sein. Darum kann ich mir niemals ein Bild von Gott machen – er ist ein so vollkommenes Wesen, daß er jenseits all meiner Vorstellungen von ihm bleibt. Darum besitzt er möglicherweise auch keine physische Existenz in der Art aller anderen Formen physischer Existenz, die ich mir denken könnte. Schon von der Definition her muß er jenseits davon stehen.

6
Wie paßt Gott in die Zeit?

Seit den Anfängen der Geschichte haben viele Menschen darauf gewartet, Gott werde sich endlich entschließen, ›auf die Bühne zu kommen‹, statt nur irgendwo dunkel hinter den Kulissen zu schweben. Schon längst bevor kleine Gruppen fanatischer Christen diesem Leben entsagten und sich in die Berge zurückzogen, um dort auf die volle und endgültige Offenbarung zu warten, hatten leidenschaftlich fromme und hoffnungsvolle Juden immer wieder gefragt: »Wie lange noch, Herr, wie lange noch?« Diese Frage galt zwei Dingen – »Wie lange dauert es noch, bis wir von allen Feinden, die uns unterdrücken, befreit werden?« und »Wie lange wird es noch dauern, bis Du der gesamten Menschheit über jeden Schatten eines Zweifels hinaus beweisen wirst, daß Du der bist, den wir bekennen und von dem wir schon immer gesprochen haben?«

Wenn man die Frage ›Wie lange?‹ an Gott stellt, dann rückt man ihn in den Bereich unserer Zeit. Und die Zeit stellt uns vor eine Fülle interessanter Probleme. Sie ist wahrscheinlich eines der aufregendsten und zugleich verwirrendsten Forschungsgebiete, die es überhaupt gibt. Zuerst scheint alles so einfach – wir wissen doch alle, was Zeit ist! Aber wenn wir ein wenig darüber nachgedacht haben, könnten einige von uns zu dem Schluß kommen, es gebe die Zeit eigentlich gar nicht.

Wir wollen sehen, wie dieses Problem entsteht. Wir werden die einfache Frage stellen: »Haben Sie genaue Zeit?« Der normale Cockney wird antworten: »Haben Sie Geld?«, der normale Naturwissenschaftler wird sagen: »Ja, es ist genau 10.35 Uhr«; der normale Philosoph »Zeit für was?«; der normale Christ (wenn er etwas aufdringlich ist): »Natürlich, was möchten Sie?« Die erste Antwort ist dreist, die letzte geht an unserer einfachen Frage vorbei, obwohl der Antwortende zeigt, daß er sein Herz auf dem rechten Fleck hat.

Was aber sollen wir zu der zweiten und dritten Antwort sagen? Der Naturwissenschaftler sagt etwas, was auf den ersten Blick wie eine klare Antwort aussieht, während der Philosoph, wie gewohnt, der Sache eine unerwartete Wendung gibt. Untersuchen wir zuerst die Antwort des Naturwissenschaftlers. Hat er recht?

Unglücklicherweise (und er würde es sofort zugeben) kann er Ihnen gar nicht die genaue Zeit sagen. Von den Völkern der Antike wurden verschiedene Kalender benutzt – aber alle Versuche, die Zeit zu messen, haben zu schwierigen Problemen geführt. Als Grundeinheit der Zeit nehmen wir eine Umdrehung der Erde um ihre Achse (ein Tag), einen vollständigen Umlauf des Mondes um die Erde (ein Monat) und einen vollständigen Umlauf der Erde um die Sonne (ein Jahr). Unglücklicherweise hat aber der Monat genau 29½ Tage und ein Jahr genau 365¼ Tage. Wenn wir sagen, das Jahr habe zwölf Monate, dann stimmt das auch wieder nicht ganz, weil zwölfmal 29½ nur 354 Tage ergibt, deshalb stimmt das Mondjahr niemals mit dem Sonnenjahr überein. Wenn die Monate Namen hätten, die sich auf bestimmte Jahreszeiten bezögen, dann paßten die wirklichen Jahreszeiten bald nicht mehr zu den Monatsnamen. Kalenderfachleute haben dieses Problem durch die Einschaltung zusätzlicher Tage, Monate und sogar Jahre in bestimmten Zeitabschnitten gelöst.

Unser Kalender geht zu einem großen Teil zurück auf die Romanze zwischen Cäsar und der Ägypterin Kleopatra. Die Römer benutzten ein Mondjahr mit 355 Tagen, die Ägypter aber ein Sonnenjahr mit 365 Tagen. Nachdem Cäsar Kleopatra kennengelernt hatte, ordnete er an, das Jahr 46 vor Christus solle 445 Tage haben und danach solle der ägyptische Kalender mit der Einschaltung eines zusätzlichen Tages jeweils alle vier Jahre gelten. Aber auch dieser intelligente Plan war nicht ganz genau, weil zu jedem Sonnenjahr sowohl elf zusätzliche Minuten als auch das Viertel eines Tages gehörten. Im 15. Jahrhundert hatte sich diese Ungenauigkeit zu ganzen Tagen ausgewachsen, und der Kalender stimmte um mehr als eine Woche nicht mehr mit dem Sonnenjahr überein. Die Leiter der Kirchen waren darüber ernsthaft beunruhigt, weil zwar Weihnachten immer auf den 25. Dezember festgelegt ist, ganz gleich, auf welchen Tag es fällt, das Datum des Osterfestes aber entsprechend dem ersten Vollmond nach der Frühlingstagundnachtgleiche wechselt. Dieser Termin kam nach dem Kalender immer früher, und eines Tages würde schließlich Ostern mit Weihnachten zusammenfallen! Darum strich Papst Gregor XIII. zehn Tage aus dem Kalender, um die Frühlingstagundnachtgleiche wieder auf den 21. März fallen zu lassen und ordnete an, in den nächsten vier Jahrhunderten sollten drei Schaltjahre ausfallen. Das ist der Kalender, der im wesentlichen noch heute im Gebrauch ist – aber auch er stimmt um etwa zwanzig Sekunden nicht mit dem Sonnenjahr überein. Trotz aller Computer können wir nicht ganz genau sein.

Beim Messen der vergehenden Stunden, Minuten und Sekunden haben wir in diesem Jahrhundert große Fortschritte gemacht. Die alten Pendeluhren gingen bis auf etwa eine hundertstel Sekunde pro Tag genau. In den dreißiger Jahren wurde die Quarzuhr erfunden, die Ausschläge des Pendels wurden durch die Schwingungen eines Quarzkristalls ersetzt – diese Uhren haben nur eine Abweichung von etwa einer Sekunde in drei Jahren. Seit den vierziger Jahren können Quarzuhren von Atomuhren entsprechend den Schwingungen von Caesiumatomen oder Ammoniakmolekülen reguliert werden. Sie sind so genau, daß sie nur eine Abweichung von weniger als einer Sekunde alle 300 Jahre aufweisen. Aber wir haben das Problem noch immer nicht ganz gelöst.

Wenn wir aber Gott in unsere Zeit ziehen, dann wäre es einfach lächerlich und kleingeistig, wenn man Sonne und Mond als Maß für ihn nehmen wollte. Gott kann sicher nicht mit den Maßstäben unseres kleinen Sonnensystems gemessen werden – die Astronomen kümmern sich kaum daran. Sie denken in Begriffen wie ›Sternzeit‹ oder ›Lichtjahre‹ (die Entfernung, die ein Lichtstrahl in 365¹/4 Tagen bei einer Geschwindigkeit von nahezu 300000 Kilometern in der Sekunde zurücklegt). Wir kennen diese Geschwindigkeit, weil wir wissen, daß das Licht acht Minuten braucht, um von der etwa 150 Millionen Kilometer entfernten Sonne auf der Erde aufzutreffen.

Die Astrologen sprechen vom Großen Jahr. Weil die Erde keine vollkommene Kugel ist und der Anziehungskraft von Sonne und Mond unterliegt, ist ihre Drehung um die Achse nicht exakt. Das verursacht die Erscheinung, die man das Vorrücken der Tag- und Nachtgleichen genannt hat, und bringt uns nach und nach unter den Einfluß der verschiedenen Tierkreiszeichen.

Ein vollständiger Umlauf benötigt 26 000 Jahre, und dieser Zeitraum wird das Große Jahr genannt – eine Zeit, die wiederum in ›Monate‹ eingeteilt werden kann, die uns die verschiedenen astrologischen Zeitalter angeben. Seit dem Jahr 100 nach Christus befinden wir uns im Zeitalter der Fische, gegenwärtig nähern wir uns dem Zeitalter des Wassermanns.

Der große Naturwissenschaftler Isaac Newton war fasziniert von dem Problem der Zeit und unseren im allgemeinen erfolglosen Versuchen, sie genau zu bestimmen. Mathematik, Zeit, Ordnung und Gott waren damals fast untrennbar miteinander verbunden, und Newton beharrte darauf, obwohl unsere Messungen ungenau seien, gebe es so etwas wie die absolute Zeit. Er sagte, daß »die absolute, wahre und mathematische Zeit aus sich selbst und ihrer Natur entsprechend ohne eine Beziehung zu irgendeinem äußeren Ding gleichmäßig abläuft«. Man widersprach ihm schon zu seiner Zeit, aber er besaß außerordentlich großes Ansehen und Einfluß, und die Leute nahmen seine weisen Worte sehr ernst. Wahrscheinlich war er bei dieser Behauptung von den griechischen Stoikern abhängig, die annahmen, die Zeit sei ein alles bestimmendes inneres Strömen, das in keiner Beziehung zu äußeren Dingen stehe.

Aber die Stoiker waren nicht die einzigen Gelehrten der Antike, die sich mit diesem Problem beschäftigt haben. Aristoteles bestand darauf, daß die Zeit in hohem Maß abhängig sei von der Existenz von jemand oder etwas, der oder das sie erlebte. Er unterschied zwischen Zeiten, die existierten, und solchen, die nicht existierten. Die Vergangenheit hat existiert, aber sie existiert nicht mehr. Die Zukunft existiert noch nicht. Darum existiert nur das Jetzt wirklich. Das Jetzt war ein verbindendes Glied zwischen Zeit und Bewegung. Zeit existierte überhaupt nur, wenn es Körper gab, die eine Abfolge verschiedener ›Jetzt‹ an verschiedenen Orten oder Zuständen erlebten. Die Wahrnehmung eines Vorher und Nachher war für Aristoteles von großer Bedeutung.

Wenn es überhaupt keine Veränderungen gäbe, könnte es überhaupt keine Zeit geben. Sie existiert nicht, wenn nicht irgend etwas geschieht. Aber die Zeit verlangt sowohl Nichtveränderung als auch Veränderung – es muß etwas Statisches existieren, an dem die Veränderung gemessen werden kann – wie das Wasser eines Flusses an einer bewegungslosen Wiese vorbeifließt. Das Problem der Zeit ist eng verbunden mit der Geschwindigkeit, mit der sich die Dinge verändern, denn nichts steht völlig still. Darum braucht die Bewegung eines Flusses eine bestimmte Zeit – und das stellt uns vor das Problem des unendlichen Regresses. So einfach wie möglich gesagt: Wenn eine Zeit (die schnellere) eine andere Zeit benötigt, um an ihr beobachtet und gemessen zu werden, dann braucht diese zweite Zeit eine dritte, an der sie erkannt und gemessen werden kann, und so geht es unendlich weiter.

Der Begriff der absoluten Zeit, der Zeit an sich, kann nicht länger aufrechterhalten werden. Nehmen wir zwei Arten von Beispielen. Zuerst wollen wir einfach fragen: »Wie spät ist es?« Wir stehen auf dem Meridian von Greenwich, und nach der Sonnenzeit ist es genau 12 Uhr. Aber ein wenig weiter nach Osten ist es schon etwas nach 12 Uhr, und ein wenig weiter nach Westen ist es noch nicht 12 Uhr. Man sieht, alles hängt davon ab, wo man sich befindet. Wenn man nach Osten fliegt, sieht man die Sonne aufgehen, wenn man sich von der Sonne entfernt, könnte es noch dunkel sein – und schnelles Reisen kompliziert das alles noch mehr. Leute, die in fremde Länder reisen, sind daran gewöhnt, ihre Uhren eine Stunde vor- oder zurückzustellen, wenn sie eine Grenze überschreiten. Zur Vereinfachung hat man die Erde in vierundzwanzig Zeitzonen eingeteilt, jede umfaßt 15 Längengrade. Wenn zwei Menschen, die in verschiedene Richtungen gehen, sich am 180. Längengrad treffen, dann wird der eine zwölf Stunden gewonnen, der andere aber zwölf Stunden verloren haben, ein ganzer Tag liegt zwischen ihnen. So wurde die Internationale Datumsgrenze festgelegt, und wenn man sie überquert, verliert oder gewinnt man einen Tag. Setzen Sie sich einmal in ein Düsenflugzeug, das sehr schnell nach Westen fliegt, und Sie kommen ständig in eine Zeit, die vor der Zeit liegt, zu der Sie eingestiegen sind. Sie sind also gar nicht eingestiegen – oder doch?

Eine junge Dame namens Hell
Reist wie das Licht so schnell
Sie startet am hellichten Tag
Flog so rasch sie es vermag
Traf ein in der Nacht zuvor – well.

Es war Einstein, der schließlich Newtons Vorstellung umgestürzt und uns die Relativitätstheorie beschert hat. Er bewies, daß die Lichtgeschwindigkeit für den Beobachter immer konstant ist, wo auch immer er sich befindet – darum werden zwei verschiedene Beobachter aus verschiedenen Entfernungen von einem bestimmten Ereignis dieses zu verschiedenen Zeiten wahrnehmen – daher kann die Zeit nicht absolut sein, sondern sie ist abhängig von der jeweiligen Position des Beobachters im Raum.

Man denke sich drei Sterne in verschiedener Entfernung von der Erde. A ist 50 Lichtjahre, B 100 und C 300 Lichtjahre entfernt. Wenn B im irdischen Jahr 1974 explodieren würde, dann sähen wir die Explosion 2074, A sähe sie 2024 und C sähe sie 2174. Vom Universum aus gesehen, könnte überhaupt kein Datum genannt werden. Wir können einfach nicht alle zur gleichen Zeit ein und dasselbe Ereignis sehen.

Um einen früheren Gedanken wiederaufzunehmen – wenn die Zeit aus Vergangenheit, Gegenwart und Zukunft besteht, dann kann man sicher zwischen früher und später unterscheiden. Wenn man aber einmal annimmt, wir könnten uns schneller als das Licht bewegen, dann würden wir in die Vergangenheit und nicht in die Zukunft reisen. Wir könnten Signale empfangen, die schon früher gesendet worden sind. Wir würden rückwärts reisen.

Wenn wir die Entdeckung machen, daß wir, je schneller wir sind und je mehr wir unsere Geschwindigkeit steigern, um so wahrscheinlicher uns hinter uns selbst finden, um es einmal so zu formulieren, dann wird es fraglich, ob dieses Problem jemals gelöst werden kann.

Ebenso wie der Ablauf der Zeit von der Position des Beobachters abhängig zu sein scheint, so behauptet der Philosoph, sei er auch abhängig von dem, was man tut; und das ist vielleicht die Stelle, an der Gott ins Spiel kommt.

Was sind fünf Minuten? Es besteht ein riesiger Unterschied zwischen fünf Minuten – eine Zeit, in der man Freude oder Schrecken empfindet, etwas, was glücklich macht, oder etwas, was verletzt. Was ist der wirkliche Wert von fünf Minuten? Wenn man auch nur für Sekunden einen schrecklichen Schmerz empfindet, scheint er ewig zu dauern – ein ungeheures Glücksgefühl scheint aber wie ein Blitz vorbeizufliegen. Und es gibt noch die seltsame Erfahrung, von

der manchmal im Zusammenhang mit sogenannten religiösen Phänomenen berichtet wird – man tritt aus der Zeit heraus für einen Augenblick, der manchmal ›ewige Sekunde‹ genannt wird. Die meisten Menschen haben nicht die geringsten mystischen Erfahrungen, aber die Schriften derer, die solche Erfahrungen gemacht haben, gleich welcher Religion sie angehörten, erwecken den Eindruck, als hätten sie die Empfindung einer ›Vereinigung mit Gott‹ erlebt – ob es für den Bruchteil einer Sekunde war oder der Gipfel einer längeren Meditation – sie haben das Eingehen in die Zeitlosigkeit erlebt.
Es scheint, als paßten manche Lebenserfahrungen nicht sehr gut in unsere Zeiteinheiten von Minuten und Sekunden. Vielleicht will Gott mit unseren Zeitmessern gar nichts zu tun haben, sondern für die Menschen da sein, die ihn so finden, wie sie schon immer von ihm gesprochen haben – Gott, für immer und immer.

7
Gibt es ein ›Ich‹ in meinem Körper?

Nachdem wir einige der Geheimnisse, die seit Jahrhunderten die Köpfe und Hirne der großen Denker beschäftigt haben, ein wenig abgetastet haben, wollen wir wieder auf die Erde zurückkehren. Es ist immer eine gute Methode, vom Bekannten zum Unbekannten vorzugehen – vielleicht sind wir zu ehrgeizig bei unseren Versuchen, den Fuchs des Himmels aufzuspüren. Nachdem wir angedeutet haben, daß die Dinge, die uns unsere Sinne berichten, sehr begrenzt, wenn nicht sogar falsch und die meisten unserer Gedanken über die Welt, in der wir leben, irreführend sind, gibt es dann irgend etwas, was wir sicher wissen und was wir darum als unseren Ausgangspunkt nehmen können? Gewiß sind wir doch davon überzeugt, daß wir existieren? Wir nehmen uns als bewußte, denkende Wesen wahr. Die meisten von uns würden ganz zufrieden sagen: »Ich bin sicher, daß ich existiere. Ich lese das gerade.« Und damit kommen wir zu der schwierigen Frage: Wer ist denn dieses Ich?

Die meisten Menschen denken, sie wüßten, wie sie aussehen. In Wirklichkeit aber wissen das nur wenige von uns. Oft trifft es uns wie ein Schlag, wenn wir uns flüchtig von der Seite oder von hinten in einem Spiegel sehen. Wirklich vertraut sind wir nur mit unserer Vorderansicht und manchmal nur mit unserem Gesicht, wie es in einem Spiegel erscheint, der uns doch nur irreführend wiedergibt.

In jedem Fall sehen wir nur die Oberfläche unserer Haut, und das ist lediglich ein kleiner Teil von uns selbst, nur der Sack, in dem der Inhalt steckt. Was sich in dem Sack befindet, ist uns fast unbekannt. Manchmal haben Menschen vor Blut, Därmen und Grind einen solchen Abscheu, daß sie weglaufen, wenn sie auch nur ein bißchen davon sehen. Die meisten unserer Organe sind ein völliges Geheimnis für uns (es sei denn, wir hätten Physiologie oder Anatomie studiert) – und wenn durch ein Unglück etwas aus dem Sack herauskommt, geben wir uns die größte Mühe, alles wieder an seine richtige Stelle zu bringen, wir stellen die verschiedenen Mechanismen wieder her, damit sie richtig funktionieren. Aufs Ganze gesehen kümmern wir uns nicht sehr darum, wie unsere Leber und unsere Nieren und unser Magen arbeiten, bis sie anfangen, Beschwerden zu machen. Wir lassen sie ruhig ihr eigenes Leben führen.

Ihr eigenes Leben?

Alle lebendigen Dinge, auch unsere Körper, sind zusammengesetzt aus Zellen, die im wesentlichen aus Gallert mit einem ›Gehirnzentrum‹ bestehen, das Zellkern genannt wird. In dem Sack sind etwa 350 Milliarden Zellen enthalten, von denen jede ganz selbständig ist. Jede Zelle ißt, ruht, wächst, arbeitet, teilt und reproduziert sich, leidet und stirbt, alles geschieht ganz selbständig. Wenn jede Zelle, wie wir annehmen müssen, ein Individuum ist, dann stehen wir vor einigen schwierigen Problemen – denn entweder bestehen wir nur aus diesen selbständigen Teilen, oder aber wir besitzen eine Art Identität, die nichts mit diesen Zellen zu tun hat. Wie es nun wirklich ist, macht sehr viel aus.

Selbst wenn ich vom Lebenszyklus der Zellen in meinen Nieren nichts weiß, wissen sie aber vielleicht etwas von mir? Eine bewußte Zelle würde die Dinge von einem ganz anderen Blickwinkel ›sehen‹ als ›Ich‹. Für ihre Winzigkeit wäre mein Leib ein Universum mit riesigen Räumen und Abgründen. Wüßte eine individuelle Zelle wirklich, daß sie ein Teil von mir ist? Könnte sie das ganz unbestimmte Gefühl haben, von einer entfernten, riesigen, gottähnlichen Macht kontrolliert zu werden? Bin ich nichts anderes als die winzige Zelle eines anderen, riesigen existierenden Dinges, das ich mir als meinen Kontrolleur oder als Gott denke?

Gewiß, während meines irdischen Lebens scheinen meine Zellen so zu arbeiten, als wären sie Teil eines organisierten Ganzen. Sie werden durch einfache, aber wunderbare Vorgänge am Leben erhalten. Einer dieser Vorgänge ist das Atmen. Die Blutzellen brauchen dauernd die Zufuhr von Sauerstoff, der durch das Einatmen besorgt wird, und der Körper scheidet das unerwünschte Kohlendioxyd beim Ausatmen wieder aus.

Ein anderer lebenswichtiger Vorgang ist das Essen – man führt sich die Proteine, Mineralien und Vitamine zu, die uns in Betrieb halten.

Das kleine Baby muß sich aus seiner Umwelt alle die Materialien besorgen, die es braucht, um allmählich zu einem zwei Meter großen Mann zu werden. Das ist nicht so leicht, wie man denkt. Denn der Körper benötigt winzige Spuren von Dingen wie Kupfer, Natrium, Magnesium und Eisen, ihr Fehlen kann drastische Charakterveränderungen auslösen. Aber es kann auch nicht gutgehen, wenn man auf einem Klumpen dieser erforderlichen Metalle herumkaut, denn das würde einem schließlich nur schreckliche Magenschmerzen bereiten. Statt dessen essen wir etwas anderes, was selber schon das Mineral aufgenommen hat. Die Hauptquellen dieser mineralhaltigen Lebensmittel sind Lebewesen, die mit ihren Wurzeln Mineralien direkt aus dem Boden aufnehmen können. Mit anderen Worten: Wir essen Pflanzen und erhalten durch sie die von uns benötigten Mineralien. Alles Fleisch ist Gras – und alle guten Mütter geben ihren Kindern Gemüse zu essen.
Um die geringen Mengen zu erhalten, die wir benötigen, müssen wir viele Stoffe schlucken, die unser Körper nicht braucht. Wenn die Nahrung in den Magen gelangt, beginnen Säuren sie zu bearbeiten und aufzubrechen. Das erforderliche Material wird extrahiert, und die zurückbleibende Masse wird durch die üblichen Kanäle ausgeschieden. Wenn nutzlose Stoffe in einem blieben, dann würden sie verfaulen und den Menschen vergiften und schließlich sogar töten. Der Körper weiß das sehr gut, darum sind Erbrechen, Durchfall und Fieber die normalen Reaktionen auf das Essen schädlicher Dinge. Das ganze System entleert sich dann in doppelt so rascher Zeit.
Der Körper sorgt für sich selbst. Aber er bleibt nicht statisch. Wir können nicht stillstehen. Nichts kann stillstehen. Die Evolution verlangt entweder Fortschritt oder Verfall. Der gesamte Lebenszyklus bedeutet Schöpfung oder Zerstörung. (Das Wort Zerstörung ist ganz irreführend, weil das, wovon wir sprechen, Fäulnis ist, die Aufnahme ›toter‹ Körper durch Scharen von Bakterien, die das aufgenommene Material in den Ausgangsstoff für alle möglichen Formen von Leben umwandeln.)
Seit der Zeit, da man ein Säugling gewesen ist, hat man jeden Teil seines Körpers verändert. Man hat mit fünfzehn Jahren einen anderen Körper als man ihn mit fünf gehabt hat, und mit 55 oder 95 wird

man wieder anders sein. Und ein toter Körper ist ebenso voller Leben wie ein lebendiger – er ist eine schäumende Masse aus allen möglichen Organismen, die allmählich wieder in den Boden zurückkehren, um dort zur Nahrung von Pflanzen zu werden, so daß sich der Lebenszyklus wieder schließt und die ›Materie‹ dieses Planeten einfach ihren Kreislauf fortsetzt.

Was verstehen wir unter dem Tod? Was macht einen lebendigen Menschen aus? Die Antwort ist davon abhängig, was wir uns unter Einheit und Bewußtsein vorstellen. Solange das ›Ich‹ lebt, bin ich ein Individuum, bin ich ich selbst. Wenn das ›Ich‹ tot ist, werde ich zu zehn Millionen Organismen. Solange das ›Ich‹ lebt, kann ich denken, bin ich mir meiner selbst bewußt. »Cogito ergo sum«, hat Descartes gesagt (»Ich denke, also bin ich«). Wenn das ›Ich‹ tot ist, wird es im Körper kein ›Ich‹ mehr geben, das denken könnte. Meine Organismen werden nur das Bewußtsein besitzen, das eben Organismen haben. Und nach allem, was wir wissen, haben sie überhaupt kein Bewußtsein. Es wird wieder zu seinem atomischen Leben zurückkehren. Wenn man mein ›totes‹ Bein abschneidet, werden die automatischen Heilungsmechanismen des Körpers an einer Wunde nicht mehr schnell aktiv werden, um das Blut gerinnen zu lassen, eine Infektion abzuwehren und mit der Heilung zu beginnen. Nichts mehr wird geschehen. Wenn man Nahrung in meinen ›toten‹ Magen schiebt, wird sie nicht mehr verdaut. Wenn man in meine ›toten‹ Lungen bläst, werden sie nicht mehr atmen. Der große Organismus, der ›Ich‹ genannt wird, wird nicht mehr existieren.

Die brennende Frage, auf die die Naturwissenschaften bisher keine Antwort haben, heißt ganz einfach: »Hat es jemals ein Ich gegeben, mit dem es angefangen hat?« Wenn es ein Ich gibt, dann sind wir in Betrieb und können von Seelen und Geistern und einem ewigen Leben sprechen – wenn es aber nur einen Organismus gibt, dann sind unsere Hoffnungen wahrscheinlich vergeblich. Ein schwaches Bild für das Verhältnis von Leib und Seele ist ein Vogelschwarm. Er besteht aus einzelnen Vögeln, die sich gemeinsam so zu bewegen scheinen, als wären sie von einem einzigen Geist beseelt, fast als würden sie von einer leitenden ›Seele‹ geführt. Wenn die Vögel in alle Richtungen auseinanderfliegen, gibt es den Schwarm nicht mehr.

Man könnte damit vielleicht den Körper vergleichen, die einzelnen Vögel stellen dann die Zellen dar, die für einige Zeit zusammenzuwirken scheinen.
Aber es ist nicht ganz so einfach, weil der Körper, wie wir schon festgestellt haben, alle möglichen Veränderungen, ein Wachstum und Wiederherstellungen erlebt. Ein Neugeborenes, das nur ein paar Pfund wiegt, muß eine Menge Materie aus seiner Umwelt aufnehmen, sie zu einem lebendigen Teil seiner selbst machen, alle möglichen Veränderungen erleben, und bleibt doch immer dasselbe Individuum. Wenn man denkt, man sei noch immer dasselbe Individuum wie vor zehn Jahren, dann kann das nicht den Körper meinen. Man hat nicht mehr denselben Leib.
Deshalb gebraucht man die Begriffe ›Person‹ oder ›Seele‹. Der Körper ist mehr als nur eine Maschine, die sich selbst aufzieht und in Betrieb erhält, schließlich ausläuft, aufhört und zerfällt. Das ›Ich‹ weiß nicht viel von den mechanischen Vorgängen. Nur das ›Ich‹ ist es, das zornig wird, das ›Ich‹ wird gekränkt, das ›Ich‹ verliebt sich, das ›Ich‹ wünscht sich etwas leidenschaftlich, das ›Ich‹ erschrickt, das ›Ich‹ fühlt sich furchtbar einsam, das ›Ich‹ ist ergriffen, wenn ein Kind mir Vertrauen schenkt.
Wir können sagen: »Ich weiß nicht, ob der Apfel existiert, aber ich weiß, daß ich hungrig bin.« Vielleicht haben wir mehr als ein ›Ich‹. Es gibt das ›Ich‹, das ich kenne und das mir bewußt ist; dann gibt es das ekelhafte Ich, das ich zu beherrschen versuche; dann gibt es noch das dritte ›Ich‹, das ideale Ich, von dem ich weiß, daß ich es sein sollte, wenn ich mich mehr anstrengte; und dann noch das allerhöchste Ich, das, von dem ich weiß, daß ich es niemals werden kann, das ich mir aber immer noch vorstellen kann.
Die Christen sagen, die Menschen hätten eine einzige Seele, die Hindus, wir hätten eine, die immer wiederkehrt, die alten Ägypter haben gesagt, wir hätten mindestens fünf Seelen. Die modernen Psychologen sagen, wahrscheinlich hätten wir gar keine, aber wir besäßen Facetten unseres Charakters, die so seltsame Namen tragen wie ›Ego‹, ›Es‹ und ›Über-Ich‹. Jetzt kann man eine Münze werfen und entscheiden lassen. Das einzige, was alle diese Ansichten gemeinsam haben, ist, daß sie personal sind und daß sie nicht mit unseren Sinnen bewiesen werden können. Sie sind nichts Materiel-

les, darum sollten sie theoretisch auch gar nicht existieren – sie sind Raum und nicht Materie. Aber wir wissen, daß sie wirklich existieren. Ist es möglich, daß etwas wirklich existieren kann, was es in materiellem Sinn nicht gibt? Existieren Liebe, Mitleid, Haß oder Verbitterung? Oder ›Ich‹?

8
Wird das ›Ich‹ nach dem Tod weiterexistieren?

Es war einmal ein junger frommer Mann,
der nur noch Hefe schluckte dann und wann.
Denn klar ist jedem es zu sehen:
Wir alle werden einmal auferstehen,
und sicher ist, daß er so leichter aufgeh'n kann.

Der Glaube, daß der Mensch den Tod überlebt, ist sehr alt. Unter den Kulturvölkern der Vergangenheit, die daran geglaubt haben, waren die Ägypter, Griechen, Juden und die frühen Christen. Viele Wahrheitssucher, die nicht notwendig auch immer fromme Leute sein müssen, glauben, daß etwas in uns ist, was alle Veränderungen unserer Struktur überdauert. Sie nennen es Seele, Geist oder Ich. Regelmäßig verändern wir die Atome unserer Körper – manche Menschen sagen, wir hätten alle sieben Jahre einen ganz neuen Leib – und doch bleibt das Ich auch in fünf Jahren noch dasselbe, auch in zwanzig oder sogar in siebzig Jahren noch.
Die große Frage ist: »Kann ich weiterleben, auch nachdem mein Körper tot ist?« Der Tod tritt ein, wenn das Herz zu schlagen aufhört und meinem Körper kein Sauerstoff mehr zugeführt wird, die Lungen hören auf zu atmen, so daß der Sauerstoff-Kohlendioxyd-Kreislauf endet, die Diagramme, die unsere Hirnströme zeigen, bleiben weiß, der Leib fängt an, sich zu zersetzen. Manche Ärzte halten nur diesen letzten Vorgang für ein sicheres Zeichen des Todes, weil Herz und Lunge durch künstliche Mittel fast unendlich lang in Betrieb gehalten werden können.
Aber wenn der Leib sich zersetzt, verschwindet er nicht. Er kehrt einfach wieder zu der organischen Materie zurück, aus der er anfangs entstanden ist. Der Tod ist nur Teil eines Kreislaufs, der Geburt, Wachstum, Verfall, Tod, Neuaufbau und Geburt durch-

läuft. Nach der buddhistischen Definition des Todes ist er »ein ununterbrochener Vorgang des Werdens«. Alles ist diesem Wechsel unterworfen, nichts ist von Dauer, außer Gott, wenn es ihn gibt. Man kann nicht zweimal seinen Fuß in denselben Fluß tauchen, weil er längst weiter geflossen ist. Wenn die organische Materie unserer Körper nicht wirklich ›stirbt‹, sondern nur drastischen Umgestaltungen unterworfen ist, muß es doch gewiß einen Grund dafür geben, daß eine Gruppe von Atomen siebzig oder mehr Jahre lang in einer bestimmten Anordnung bleibt, die ›Ich‹ genannt wird. Warum laufen sie nicht auseinander, wie sie es beim Tod tun? Was hält sie zusammen und baut ihnen einen wachsenden und lebendigen Körper? Die Christen würden es ›Seele‹ nennen – das individuelle Muster, das nur dir und niemals einem anderen Menschen gehört. Um dieses Muster zu erhalten, reproduziert der physische Leib Zellen und Atome, um diejenigen zu ersetzen, die verlorengehen, verbraucht oder beschädigt sind.

Aber dieses Muster, diese Anordnung, ist keine wirkliche physische Realität. Man kann vielleicht noch nach fünfzig Jahren als dieselbe Persönlichkeit wiedererkannt werden, aber das ist nicht notwendigerweise so; nur wenige Erwachsene kann man schon auf ihren Babybildern erkennen. Und doch bleibt das Ich immer dasselbe. Warum? Eine Antwort lautet, es existiere wirklich so etwas wie eine Seele, und wenn sie existiert, gibt es keinen Grund, warum sie nicht nach dem physischen Tod weiterexistieren sollte. Das Beunruhigende daran ist, daß ihre Existenz von der Wissenschaft bisher weder bewiesen noch widerlegt worden ist, so daß man selbst entscheiden muß, ob man eine solche Vorstellung glaubt oder nicht.

Zunächst wollen wir die Möglichkeit betrachten, daß der Mensch eine Seele besitzt und sich damit in einer bestimmten Weise vom Tierreich unterscheidet. Die Bibel sagt, der Mensch sei »nach Gottes Bild« geschaffen. Was könnte das bedeuten? Wenn wir erkennen können, wodurch wir uns von anderen Lebewesen unterscheiden, dann könnte das vielleicht ein Anhaltspunkt sein. Natürlich kann man behaupten, der Mensch unterscheide sich in nichts von den anderen Lebewesen, in diesem Fall braucht man nicht mehr weiter zu reden. Aber es sollte uns doch zu denken geben, daß der Mensch anders als die übrigen Formen des Lebens in einer sehr kurzen Zeit ungeheure Dinge vollbracht hat. Im letzten Jahrhundert hat sich die Technik schneller entwickelt, als irgend jemand sich hätte träumen lassen. Kein anderes Tier hat jemals diese unglaubliche Fortschrittsgeschwindigkeit besessen.

Wodurch unterscheiden wir uns von anderen Lebewesen? Wir können denken und Dinge erfinden. Wir haben Ideen. Zugegeben, auch bei Tieren kann Intelligenz nachgewiesen werden, aber man kann sie nicht mit der menschlichen Intelligenz vergleichen.

Zweitens besitzen wir die Sprache. Wir können sprechen und uns über alle möglichen Dinge unterhalten, während die Kommunikation zwischen Tieren extrem beschränkt ist. Es gibt vieles, was wir von den Tieren nicht wissen. Man hat zwar die Kommunikation bei Bienen, Vögeln, Fischschwärmen und anderen Tieren untersucht, die ›Gegenstände‹ ihrer Mitteilungen aber sind sehr einfach: wo Nahrung zu finden ist, wie man eine Gefahr vermeidet oder wie man einen Gefährten anlockt.

Drittens können wir zwischen gut und böse unterscheiden. Wir können Handlungsweisen beurteilen. Ein Hund weiß vielleicht, daß er ›etwas Schlechtes‹ getan hat, aber unsere moralischen Werte sind dem doch etwas überlegen.

Viertens sind wir uns bewußt, daß es noch anderes Leben neben uns gibt. Wir können anderen helfen oder schaden. Tiere haben den Instinkt, allein oder für ihre unmittelbare Familie oder ihr Rudel zu leben – wir jedoch haben die Idee der Menschheit, die Vorstellung einer umfassenden Brüderlichkeit entwickelt. Die meiste Zeit kommen wir dem Ideal, uns um den anderen auf dieser Erde zu kümmern, kaum nahe, aber wenn wir hinter ihm zurückbleiben, fühlen wir uns schuldig. Wir haben eine Empfindung für unsere Verpflichtung.

Fünftens können wir Schönheit in vielen Formen wahrnehmen – Kunst, Musik, Literatur, Sport und Mathematik. Wir schätzen Komfort und unternehmen vieles, um unser Leben und unsere Umwelt für uns behaglicher zu machen. Vielleicht noch wichtiger ist unsere Fähigkeit, schöpferisch zu sein und zerstören zu können. Eine gewaltige Macht liegt in unseren Händen und darum auch eine große Verantwortung. Nach dem Bild Gottes geschaffen zu sein, führt vielleicht zu all diesen Unterschieden, und wahrscheinlich ist die Fähigkeit, schöpferisch zu sein und zerstören zu können, der entscheidendste Unterschied.

Eine andere Facette der Persönlichkeit des Menschen, die großes Interesse und viele Spekulationen auslöst, ist sein ›sechster Sinn‹. Seine Existenz kann man wissenschaftlich nur schwer beweisen, aber sehr viele Menschen verbürgen sich dafür, daß sie eine Art Erfahrung gehabt haben, die wir ›psychisch‹ nennen wollen. Das Wort ›psychisch‹ bedeutet nur ›etwas mit der Seele‹ oder ›psyche‹ zu tun haben. Zu psychischen Phänomenen gehören Erscheinungen wie Intuition, Telepathie oder Gedankenübertragung, Psychokinese (das Bewegen oder Beeinflussen von Objekten allein durch die Willenskraft, durch eine Vermittlung oder eine übernatürliche Kraft); Heilungen (sei es durch Berührung, Glaube, Gebet, positives Denken oder Willenskraft); Verfluchungen (man will einem anderen etwas Böses durch die gleichen oder durch ähnliche Handlungen wie bei Heilungen); und die Kommunikation mit den Wesenheiten verstorbener Menschen. Es umfaßt also den gesamten Bereich der Geister, Gespenster und des Spuks.

Es ist überraschend, daß die Menschen bei der Wahrnehmung von Geistern den Tieren nicht besonders überlegen sind – Pferde, Hunde und Katzen sind bekannt dafür, daß sie sich weigern, verwunschene Häuser oder Wege zu betreten. Es gibt sogar in der Bibel den Fall einer Schweineherde, die vielleicht durch überwältigende böse Kräfte in Panik versetzt worden ist (Mk 5,13). Aber wie auch bei anderen Sinnesfähigkeiten, die wir mit Tieren gemeinsam haben, können unsere Fähigkeiten, mit anderen in Verbindung zu treten und zu denken, uns zu einem tieferen Verständnis führen und zu einem Urteil darüber, welche Begabungen für praktische Zwecke existieren.

Aller Glaube an Geister und an psychische Phänomene, die von Menschen erlebt werden, ist in hohem Maß davon abhängig, ob es eine Seele gibt oder nicht. Wenn es sie nicht gibt, dann werden auch alle die pseudowissenschaftlichen Experimente der Parapsychologen das nicht beweisen können, was sie beweisen wollen. Die Existenz dieser Phänomene mag real genug sein – und sowohl die Russen als auch die Amerikaner nehmen die Sache ganz ernst –, aber

für diese Erscheinungen gibt es vielleicht eine natürliche Erklärung, ein bisher noch nicht entdecktes Naturgesetz.
Haben wir also eine Seele oder nicht? Gibt es einen Geist? Sind beide dasselbe oder etwas Verschiedenes? Leben wir nach dem Tod weiter und besitzen ein ›ewiges Leben‹? Kommen wir in einen Himmel oder eine Hölle, oder kommen wir andauernd wieder auf diese Erde zurück? Oder werden wir einfach zu existieren aufhören?
Wir wollen ganz ehrlich sein – es gibt keine wissenschaftliche Antwort auf nur eine dieser Fragen. Der einzige Mensch, der sicher weiß, ob es ein Leben nach dem Tod gibt oder nicht, ist ein ›toter‹ Mensch – und Jesus hat ausdrücklich gesagt, selbst wenn ein Toter auf dieser Erde erschiene, um alles darüber zu erzählen, würden wir nicht an ein Weiterleben (oder an Geister) glauben, es sei denn, unser Geist wäre schon bereit, es zu glauben. Es gibt keinen Beweis – es gibt nur eine Fülle von zufälligem Beweismaterial. Dazu gehören Dinge wie die folgenden:
a) Die Überlegung, daß es wirklich ein Ich gibt, das den lebendigen und bewußten Körper organisiert, und daß das Fehlen dieses Ich dazu führt, daß der Leib in seine vielen Bestandteile zerfällt.
b) Die Tatsache, daß viele Menschen, die den Tod erlebt haben, durch normale medizinische Mittel wie Herzmassage, künstliche Beatmung, Elektroschock und anderes wieder ins Leben zurückgebracht worden sind. Diese Menschen haben die Erfahrungen, die sie gemacht haben, als sie ›tot‹ waren, beschrieben – was sie gefühlt, gesehen und gehört haben. Das ist noch kein Beweis, aber wenn man dieses Problem untersucht, sollte die Wissenschaft alle möglichen Hinweise aufnehmen.
c) Die Berichte von Ärzten, Schwestern und Geistlichen (von denen wir hoffen, daß sie geistig gesund sind und die Wahrheit sagen) über die seltsamen Erlebnisse von sterbenden Menschen. Sie richten sich plötzlich auf, sprechen mit den Umstehenden, werden entspannt und so weiter – als wären sie plötzlich überrascht oder erleichtert über etwas, was sie sehen konnten. Und viele Menschen haben an einem Sterbebett gesessen und entweder gespürt oder gesehen, wie jemand, kurz bevor der Kranke starb, in das Zimmer gekommen ist, als wollte er sie abholen oder ihnen helfen. Manche Berichte gehen noch viel weiter, aber das soll hier genügen.

d) Die Existenz spiritistischer Gruppen und Medien. Vielleicht haben wir nur geringe Kenntnisse oder sogar eine schlechte Meinung von ihnen – dennoch gibt es sehr viele, und es ist nicht wahr, daß alle ihre Mitglieder wilde Fanatiker sind.
e) Es gibt viele Millionen Menschen, die behauptet haben, sie hätten Geister gesehen oder gefühlt.
f) Die Tatsache der mystischen Erfahrung; zu ihr gehört das große mystische Wissen, das die östlichen Religionen besitzen.
g) Die Lehren Jesu selbst und die seiner engsten Jünger. Wenn wir Jesus wirklich für ein göttliches Wesen halten, dann müssen wir auch seine Meinungen zu dieser Frage annehmen. Wenn wir nicht an ihn glauben, sind seine Meinungen unwichtig – aber doch immer interessant. Es steht im Neuen Testament so viel über das Leben nach dem Tod, daß man hier zuviel Platz benötigen würde, um genauer darauf einzugehen. Aber für die interessierten Leser wäre es keine verlorene Zeit, sich damit zu beschäftigen.
Obwohl wir festgestellt haben, daß es keinen wissenschaftlichen Beweis gibt, glauben doch die meisten religiösen Menschen fest daran, daß sie auch nach dem Tod des Leibes weiterleben. Für die meisten religiösen Systeme, die zur Vorstellung eines Gottes gelangt sind, der die Vollkommenheit und Gerechtigkeit ist, scheint es selbstverständlich, daß viele Menschen auf dieser Erde ihr unglückliches Los nicht verdient haben, und darum ist, wenn die Idee eines vollkommenen und gerechten Gottes gewahrt werden soll, die Vorstellung einer weiteren Erfahrung jenseits dieses Lebens eine fast notwendige Ergänzung – als ein Ort, an dem Gottes Lohn und Strafen erfolgen.
Ein Atheist, der nicht an Gott glaubt, wird von diesen Problemen nicht gequält, und er drängt sich wahrscheinlich auch nicht zu dem Glauben an das Weiterleben seiner Person. Das ist ein Problem, das sich nur einem religiösen Menschen stellt. Dennoch sind auch viele Atheisten an dieser Frage interessiert, und wenn das Weiterleben nach dem Tod bewiesen werden könnte, würde das zweifellos Massenbekehrungen zur Folge haben.
Warum sollte jemand den Wunsch empfinden, nach seinem Tod weiterzuleben? Viele haben Angst, weil der Tod unbekannt ist oder weil sie glauben, er werde schmerzhaft sein. Viele wünschen, nach

dem Tod weiterzuleben, weil sie den Gedanken nicht ertragen können, daß sie plötzlich zu existieren aufhörten (besonders wenn der Tod sich nähert) – es würde ihr gesamtes Leben und alle ihre Leistungen sinnlos machen. Andere möchten ihre Angehörigen wiedersehen oder wollen die Gerechtigkeit verwirklicht sehen – die Guten sollen belohnt und die Schlechten bestraft oder vernichtet werden. Oder sie wünschen den Frieden und die Nähe Gottes, unbeeinträchtigt von irdischen Unzulänglichkeiten und Begrenzungen.

Dieser christliche Glaube ist von den östlichen Religionen wegen seines Mangels an Logik oft kritistiert worden. Nach der orthodoxen Lehre werden wir nach dem Tod nicht mehr das gleiche tun, sondern wir sind entweder für den ewigen Frieden oder für die Vernichtung bestimmt. (Die Vorstellung von der Hölle als ewiger Bestrafung ist unrichtig. Die jüdische Idee, aus der sie erwachsen ist, war die eines brennenden Müllhaufens, auf dem alles Böse weggebrannt wurde. Das führte dann zu der Vorstellung eines Reinigungsortes – ein läuterndes Feuer, ein Ort, an dem das Böse entfernt wird und aus dem eine reinere, weisere Person herauskommt. Die Bestrafung war nur deshalb ewig, weil das Böse, das zerstört wurde, dadurch für immer zu existieren aufhörte.)

Wenn man geradewegs von der Erde in den Himmel springt, bedeutet das, daß man sofort in einen Zustand absoluter Vollkommenheit versetzt wird. Weil aber auch die besten Menschen sich nicht in einem solchen Zustand moralischer und intellektueller Vollkommenheit befinden, der eine weitere Vervollkommnung unnötig machte, würden sie bei ihrem Tod eine ungeheure Vervollkommnung erleben oder aber sie begännen einen Prozeß allmählicher Vervollkommnung, der in einem Leben nach dem Tod weiterginge.

Wenn diese zweite Ansicht die wahrscheinlichere ist (und die östlichen Religionen kritisieren unseren Glauben, daß die Seelen durch ein Minimum menschlicher Anstrengungen und ein Maximum von seiten Gottes gerettet werden und dann in einem Zustand unverdienter Vollendung weiterexistieren) – muß das auch bedeuten, daß unsere nächste Existenzweise ebenso unvollkommen sein wird, ein Zustand der Verbesserung und des Wachsens. Und es gibt keinen besonderen Grund, warum unsere irdische Lebenszeit unsere erste

Existenz gewesen sein sollte – vielleicht ist sie nur eine Etappe in einer langen Folge.
Darum ist die östliche Vorstellung von weiteren Wiedergeburten und Toden – die Seele wohnt dann immer in einem anderen Leib – eine logische Möglichkeit. Natürlich kann auch sie wissenschaftlich nicht bewiesen werden, aber viele Menschen, die weit davon entfernt sind, töricht zu sein, glauben daran. Mahatma Gandhi etwa war der Meinung, er könne sich mindestens an hundert seiner bereits gelebten Leben erinnern, in manchen war er sogar eine Frau.
Hindus oder Buddhisten wünschen keineswegs eine Reinkarnation (also, daß sie wieder in einen Körper zurückgebracht werden), sie schaudern davor zurück. Alles in ihrem Glauben ist darauf gerichtet, diesem Rad der Wiedergeburt dadurch zu entkommen, daß man erleuchtet wird – ein Heiliger auf dieser Erde. Mit jeder höheren Stufe des Bewußtseins kommt auch der Lohn für dieses Bewußtsein.
Der Spiritist prüft sorgfältig seine Erfahrung des Geisterhaften und Überirdischen, der Angehörige der römisch-katholischen Kirche versucht sich so zu bessern, daß er der Hölle entgeht und möglichst kurze Zeit im Fegefeuer verbringen muß. Der gläubige Hindu oder Buddhist sucht nach Erleuchtung, damit er nicht länger in verschiedenen Formen (als Mensch oder Tier) auf diese Erde zurückkehrt. Sie alle behaupten, die Liebe Gottes und alles, was das Wort ›Gott‹ bedeutet, und die intuitive Suche nach der Wahrheit brächten einen Menschen in eine völlig neue Beziehung zu diesem Gott. Die Welt ist dann nicht mehr nur die Welt, das Leben nicht mehr nur unser Leben hier. Wenn man die Dinge auf eine andere Weise betrachtet, eröffnet das schon einen Zugang zu einer neuen Art des Lebens – man stößt auf das Geheimnis des Himmelreichs – eine Teilhabe am ›ewigen Leben‹ schon hier und jetzt. Ein Leben in einer anderen Dimension. Ein Reich ›in euch selbst‹.

9
Ist die Bibel wahr?

Entweder beruht die Erfahrung der Menschen, die Gott ›gespürt‹ haben, auf göttlicher Offenbarung, oder sie ist einfach ein Produkt der Phantasie eines Geistes, der sie sich wünscht. Wir haben bisher die ›Beweise‹ für die Existenz Gottes betrachtet, die auf dem Gebrauch unserer Sinne oder auf rationalen Überlegungen beruhen. Jetzt wollen wir eine andere Quelle der Information untersuchen, die von einer großen Zahl von Menschen als außerordentlich bedeutsam angesehen wird – die Bibel.

Man hat gesagt, von Zeit zu Zeit offenbare Gott bestimmten Menschen etwas von sich selbst. So wie der Mensch aus einem primitiven Wilden zu einem überlegenden und gebildeten Menschen geworden ist, ist auch sein Wissen von Gott gewachsen. Das heißt nicht, daß Gott gewachsen ist, aber die Summe unseres Wissens über ihn hat in gleicher Weise zugenommen, wie die Summe unseres Wissens über das Universum, in dem wir leben, zugenommen hat.

Schon vor Jahrtausenden (und wahrscheinlich schon seit den Anfängen der Menschheit) besaßen einige Menschen eine besondere Begabung dafür, das Wesen Gottes zu verstehen, und sie ›sahen‹ mehr als andere. Diese Menschen schrieben gelegentlich ihre Erfahrungen auf, damit andere sie lesen könnten, ihre Schriften wurden gesammelt und in späteren Jahren von ihren Nachfolgern bewahrt. Manchmal haben diese erleuchteten Menschen selber nichts geschrieben (wie Buddha oder Sokrates und Jesus), sondern einfach ihre Gedanken und Empfindungen der Erinnerung ihrer Jünger übergeben. Bei der Verbreitung der Botschaft ihrer Lehrer haben die Schüler ihre Erinnerungen dann meist schriftlich festgehalten, um zu verhindern, daß ihre Erinnerungen ›verbessert‹ würden, und um die Botschaft auch an Orte bringen zu können, an denen sie selbst nicht predigen wollten. Ebenso wie ihre Erinnerungen aufgeschrieben wurden, so wurden auch alle geschichtlichen Einzelheiten, die die Autoren für interessant oder wichtig an ihren Führern hielten, erklärende Anmerkungen, Hintergrundinformationen und ähnliches hinzugefügt. Manchmal haben spätere Denker Kommentare zu den Originaltexten geschrieben, und ganze Bücher voller Erklärungen wurden zu den ursprünglichen Lehren verfaßt. Auf diese Weise entstanden die verschiedenen heiligen Schriften der einzelnen Religionen.

Die Bibel ist das heilige Buch für alle Menschen, die an Jahwe glauben. Es gibt noch viele andere heilige Bücher in der Welt, die zu den anderen großen Religionen gehören, die Bibel aber ist von besonderer Bedeutung für Christen, Juden und Muslims. Zwei große Teile werden unterschieden – das Alte und das Neue Testament. Im Zentrum des Alten Testaments stehen die Verheißungen Gottes an Mose und die Ursprünge des hebräischen Volkes als des ›auserwählten Volkes‹, es ist Juden, Christen und Muslims heilig. Das Neue Testament ist nur für die Christen heilig, denn es handelt von Jesus von Nazaret, und allein die Christen glauben, daß er wahrhaft der Sohn Gottes gewesen ist. Juden und Muslims sagen, es sei einem geistigen Gott unmöglich, einen solchen physischen Kontakt mit der Welt der geschaffenen Menschheit zu haben – und das ist wirklich ein Problem, das bedeutende Theologen der Kirche in Verlegenheit gebracht hat – aber für eine Diskussion dieses besonderen Problems ist hier kein Raum. Jeder Mensch jeder Religion kann das Alte oder Neue Testament unbeteiligt lesen, wenn er will – beide Bücher sind in keiner Weise ein Geheimnis.

Es ist nicht die Absicht dieses Buches, den Inhalt der Bibel zu analysieren. Das ist eine gewaltige Aufgabe, die ein lebenslanges Studium erfordert. Dennoch sind einige Worte über den Nutzen der Bibel als Beweis für die Existenz Gottes notwendig. Es gibt vier Zugangsmöglichkeiten, und jede hat ihre leidenschaftlichen Befürworter.

Die erste behandelt die Bibel wie jedes andere Buch, wie ein altes Buch, das für uns so fremd und altmodisch ist, daß es seine Bedeutung verloren hat, man kann es einfach als belanglos oder als sinnlos übergehen. Natürlich werden sich Menschen mit einer solchen Ein-

stellung nicht darum bemühen, die Existenz Gottes zu beweisen, und darum beschäftigt uns dieser Standpunkt hier nicht.
Die zweite behandelt das Buch als ein wichtiges geschichtliches Werk, das von Interesse ist wegen des Einblicks, den es in Menschen einer anderen Zeit ermöglicht, wird aber seinen religiösen Charakter nur so weit würdigen, wie er Licht auf den historischen Hintergrund wirft. Die Bibel ist dann ein spezielles Dokument für Historiker.
Der dritte Zugang ist dem ersten völlig entgegengesetzt: Manche Menschen glauben, daß jedes Wort mehr oder weniger von Gott selbst diktiert worden ist und daß darum jedes Wort wahr ist und in seinem buchstäblichen Sinn verstanden werden muß.
Die letzte Möglichkeit besteht darin, daß man den heiligen und ganz besonderen Charakter dieses Buches anerkennt und im Licht aller wissenschaftlichen Erkenntnisse und Kritik das untersucht, was in ihm über die Existenz Gottes geoffenbart ist.
Menschen, die die Bibel entsprechend der dritten oder vierten Art verstehen, sind oft verschiedener Meinung, manchmal sogar ganz erbittert anderer Ansicht. Gewiß haben Menschen, die alles gedankenlos annehmen, und ein abgebrühter Skeptiker wenig gemeinsam. Aber die meisten Menschen, die die Bibel lieben, entdecken, wenn sie ihre Meinungsverschiedenheiten ernsthaft diskutieren, daß sie in Wirklichkeit gar nicht so weit auseinander sind.
Die radikalen Anhänger der dritten Möglichkeit werden *Fundamentalisten* genannt. In den Augen derer, die keine Fundamentalisten sind, besteht ihr Hauptfehler darin, daß sie den geschichtlichen Hintergrund und die Absichten der verschiedenen Schriftsteller, die ihre eigene Darstellung der Wahrheit geben, nicht richtig einschätzen. Ein gläubiger Christ, der in der Bibel mehrere Ausdrucksformen der Offenbarung sieht, wird vom Fundamentalismus nicht verwirrt. Fehler, wenn es solche gibt, sind dann Fehler von Menschen, nicht aber Fehler Gottes. Der grundsätzliche Gegensatz zwischen den fundamentalistischen und den nicht-fundamentalistischen Christen liegt in der Frage, ob das Wort Gottes irrtumsfähige Schreiber hatte, die sich täuschen konnten, die die Dinge jeweils auf ihre eigene Weise gesehen haben, die in ihren geographischen Kenntnissen, ihren Erfahrungen und anderen Voraussetzungen beschränkt waren. Wenn man einmal solche Schreiber annimmt, ent-

fallen alle Gründe, darauf zu bestehen, daß jedes Wort der Bibel von Gott stammt.

Nun sind die meisten Fundamentalisten nicht radikal, und manchmal bestimmen sie selbst die Art und Weise, wie sie bestimmte Stellen verstehen, und kommen dadurch ihren nicht-fundamentalistischen Brüdern näher, als sie selbst glauben.

Wenn wirkliche Meinungsverschiedenheiten auftreten, weil es um Glaubenssätze geht, die den Betroffenen entscheidend sind, werden Standpunkte niemals leicht aufgegeben. Fundamentalisten sind oft erschreckt über das, was sie für eine ungerechtfertigte Freiheit halten, mit der manche Kirchen (einschließlich der katholischen Kirche und der Mehrheit der protestantischen Kirchen) Texte und Bedeutungen ›verfälschen‹.

Die Bibelwissenschaftler dieser Kirchen werden darauf entgegnen, sie ›verfälschten‹ nicht, sondern berücksichtigten nur die wissenschaftlichen Ergebnisse, die auf textgeschichtlichen, archäologischen und naturwissenschaftlichen Beweisen beruhen – dadurch befreiten sie den Text von allen möglichen mittelalterlichen Vorstellungen, die nicht mehr Anspruch auf Richtigkeit besitzen als die unsrigen. In vielen Fällen versuchen sie herauszufinden, welches die ursprünglichen Worte in den Texten gewesen sind – die von den Fundamentalisten benutzten Texte sind nicht immer die zuverlässigsten –, und wahrscheinlich würden sie ärgerlich entgegnen, sie allein stellten die wahre und rechtgläubige Kirche dar, und keineswegs die Fundamentalisten.

Gott sei Dank leben wir im 20. Jahrhundert – in früheren Jahrhunderten wurde wegen weit geringeren Glaubensverschiedenheiten viel Blut vergossen. Wenn es einen Gott gibt, dann muß er sicher angewidert sein von der heuchlerischen und lieblosen Art, in der seine verschiedenen Jünger gegeneinander arbeiten.

Dennoch stimmen die fundamentalistischen und die kritisch denkenden Christen fast immer in einem Punkt überein – in der Überlegenheit der Bibel über alle anderen heiligen Bücher. Gewiß hat sich die Bibel für eine riesige Zahl von Menschen als der beste und leichteste Weg zu Gott erwiesen. Sie ist wirklich Offenbarung über ihn. Aber manche Christen werden daran festhalten, sie sei die einzige wahre Offenbarung über ihn.

Andere haben aber das Gefühl, eine solche Begrenzung dürfe Gott nicht auferlegt werden. Warum sollte er sich selbst diese engen Grenzen ziehen? Ist es keine vernünftige Annahme, Gott hätte auch andere Menschen als die primitiven Hebräer für seine Offenbarungen wählen können? Der einzige ›Beweis‹, den wir dafür haben, daß die Juden besonders auserwählt worden sind, besteht darin, daß sie selbst glaubten, fühlten und behaupteten, sie seien es. Und doch war schon der heilige Paulus bald bereit, zu erklären, sie hätten den Messias verworfen, als er gekommen sei, und das wirklich auserwählte Volk bestehe aus denen, die zur neuen Verwandtschaft mit Gott durch Christus gehörten.

An dieser Stelle werden viele Fundamentalisten uns auffordern, Beispiele aus anderen Kulturen zu nennen, die einen schriftlichen Beweis dafür besitzen, daß sie von Gott auserwählt seien. Ich kenne keine. Aber es hat sicher viele fromme Denker gegeben, die versucht haben, ihre Anhänger zu Gott zu führen, ohne daß es ihnen in den Sinn gekommen wäre, sie allein seien auserwählt, der Rest der Menschheit aber ausgeschlossen. Sie hätten diese Idee für seltsam gehalten, um es schonend auszudrücken, wenn nicht für völlig töricht. Selbst Johannes der Täufer wischte die sichere Selbstgefälligkeit der Juden zu einer Zeit, da jedermann in den Vorstellungen des Alten Testaments dachte, mit den Worten weg: »Seid nicht so anmaßend, selbst zu sagen: ›Wir haben Abraham zum Vater‹, denn ich sage euch, Gott kann aus diesen Steinen Kinder Abrahams machen.«

Der Beweis für die Existenz Gottes, der durch die Person Jesu selbst gegeben wird, ist nicht ganz dasselbe wie der allgemeine Beweis, den die Bibel liefert. Gewiß können wir die religiösen Schriften derer, die *nach* Jesus gekommen sind, mit den christlichen Schriften vergleichen, und es ist leicht möglich, daß wir trotzdem treue Christen bleiben. Aber fairerweise kann man die vorchristlichen Schriften (etwa die heiligen Schriften der Hindus und Buddhisten) nur mit den vorchristlichen Teilen der Bibel vergleichen – und bei einem solchen Vergleich schneiden sie nicht allzu schlecht ab.

Eines der größten Probleme für die Religion im 20. Jahrhundert liegt darin, daß unsere bildlichen religiösen Vorstellungen bedeutungslos und unverständlich geworden sind. Wer kümmert sich noch darum, ob Jesus der Messias war oder nicht? Wie viele wissen, was dieser Name besagte und bedeutete? Und was sind heute Begriffe wie ›Reich Gottes‹, ›Himmel‹, ›Christus‹ oder ›das Osterlamm‹? Oder was bedeuten ›Sündenfall‹, ›Erbsünde‹ oder ›Rechtfertigung‹? Warum eigentlich wurde Jesus das ›Lamm‹ Gottes genannt – er war doch weder weiß noch wollig! Die meisten Menschen könnten sich einfach nicht noch weniger um solche Dinge kümmern und sind lieber keine Christen, weil ihnen das lästig fällt, denn Christen müssen angeblich alle diese Dinge wissen und sie glauben. Wir wollen die Jungfrauengeburt, die Dreifaltigkeit oder die Auferstehung von den Toten gar nicht erwähnen. In einer Zeit, da nur wenige Kinder überhaupt jemals in einer Kirche gewesen sind, höchstens bei Trauungen oder Begräbnissen (obwohl auch sie keine beliebten Zusammenkünfte mehr sind), haben viele nie von diesen Lehraussagen gehört, geschweige denn, daß sie an sie glauben. Hindus und Buddhisten haben das gleiche Problem mit ihren Schriften und Lehren. Zweifellos stehen auch alle Sekten, die das, was sie glauben, haben versteinern lassen, vor der gleichen Schwierigkeit.

Denn die Religion läßt sich nicht so schnell versteinern. Die Leute sind nicht religiös, und sie glauben nicht an Gott, weil vor Jahrhunderten etwas geschehen ist – Ereignisse, die in einem Buch aufgeschrieben sind. Sie sind religiös aus ihrer eigenen lebendigen Erfahrung. Das heilige Buch, das sie lesen, war vielleicht die Ursache dafür, daß sie auf die tiefen Geheimnisse der Gottesverehrung gestoßen sind, aber für manche war die Sprache dieses Buches eher ein Stein des Anstoßes als eine Erleuchtung. Wenn einige moderne Gelehrte heute das Gefühl haben, die Religion benötige neue Begriffe, um ihre Grundsätze wirkungsvoller lehren zu können, warum denn nicht!? Es geht nicht einfach um die gefährliche Frage, ob der Zweck die Mittel heiligt, sondern um ein Verständnis für die Tatsache, daß manche der ›Mittel‹, mit denen man den Menschen das Wissen von Gott nahebringt, hoffnungslos unzureichend geworden sind. Man darf die alten traditionellen Standpunkte nicht völlig aufgeben, aber wir müssen uns sehr sorgfältig davor hüten, bewußt die Macht Gottes durch unsere Kleinheit zu hemmen und einzuschränken. Gott ist nicht klein. Sein Regen regnet über Gerechte und Ungerechte, und oft nehmen die Ungerechten den Gerechten die

Regenschirme weg! Wenn die Welt voll von Menschen ist, die Gott auf irgendeine Weise suchen, sollten wir uns davor hüten, zu behaupten, Gott offenbare sich nur denen, die ihn auf unsere Weise suchen, ganz besonders, wenn unsere Weise in diesem Jahrhundert eine so schreckliche Verfinsterung erlitten hat.

Vor hundert Jahren war noch kaum etwas von der Sanskrit-, der Pali- oder der chinesischen Literatur bekannt. Europäische Gelehrte konnten damals kaum dafür getadelt werden, daß sie sich auf ihre eigenen Traditionen verließen, denn sie wußten nichts von den anderen, weil diese Texte noch nicht übersetzt waren. Aber heute, da es eine Menge einigermaßen zutreffender Übersetzungen gibt, besteht kein einziger Grund mehr für unsere Unwissenheit, gibt es keine Entschuldigung mehr. Wenn man sich weigert, die Weisheit des Ostens anzuerkennen, dann ist das nicht nur absurd und blamabel, es zeugt von völliger Unbildung und ist stumpfsinnig. Man sollte alles verfügbare Material nutzen, das dem Menschen helfen kann, sein Schicksal und sein Wesen zu verstehen.

»Größere Dinge, als ich sie tue, werdet ihr tun«, hat Jesus gesagt. Tun wir sie, oder haben wir ihn im Stich gelassen? Wenn der Zimmermann Jesus heute zurückkehrte, würde er sich dann weigern, einen Rechenschieber oder einen Elektrobohrer zu benutzen? Ich glaube nicht.

Die meisten Leute denken, wenn sie sich Gott vorstellen, an eine Gestalt, die das Feinste und Beste der menschlichen Natur darstellt, nur unendlich vergrößert. Daraus folgt das Eingeständnis unseres Scheiterns, diesen höchsten Maßstäben nachzuleben, die allein einer so vollkommenen Gestalt entsprechen. Das führt unvermeidlich zu einem Gefühl von Schuld, von Scham und Nichtigkeit. Dann aber entsteht in uns die Empfindung, daß wir, solange wir unser Bestes tun, auch wenn wir hinter unseren Idealen zurückbleiben und Fehler machen, immer noch geliebt werden und uns vergeben wird. Dann kommt oft ein Gefühl der Freude und ›Zugehörigkeit‹ und des Friedens auf, das einen Menschen tief erschüttern kann. Schließlich kommt das Bewußtsein einer furchtbaren Macht, der gegenüber man sich hilflos und ganz unzureichend fühlt, die aber den Menschen, der sie mit einem offenen Herzen annimmt, überwältigen und mit einer unbeschreiblichen Stärke durchströmen kann. Wie es Jesus

gesagt hat: »Wer an mich glaubt, aus dessen Herzen werden Ströme lebendigen Wassers fließen.«
Aber das ist genau das, wovon die heiligen Schriften handeln – alle heiligen Schriften. Manche von uns sind nicht daran interessiert, den genauen Sinn der Menschwerdung oder der Rechtfertigung kennenzulernen, und dennoch wären sie daran interessiert, die im vorhergehenden Abschnitt skizzierten Dinge selbst zu erleben; dabei denken sie freilich nicht daran, daß es gerade diese Dinge sind, worum es bei Menschwerdung und Rechtfertigung geht. Das Pferd, das man nicht zum Trinken bringt, wird sterben. Warum sollten wir unser Pferd nur deshalb sterben lassen, weil wir an der alten, herkömmlichen Tränke bleiben? Wir wollen doch, daß das Pferd trinkt und am Leben bleibt. Wenn ihm die Tränke nicht gefällt, muß man es mit einem Fluß, einem Schwamm oder einem Apfel versuchen. Ich würde soweit gehen, zu sagen, daß ein Mann, der sich allein auf seine alte Pferdetränke verläßt, Schwierigkeiten sucht. Vernünftiger wäre es, wenn er die Quelle allen Wassers überall suchte. Aber er darf sich anderen nicht überlegen fühlen, denn das Ende wird für alle dasselbe sein.

10

Haben wir eine Bedeutung im Universum?

Ziehen wir jetzt einige Fäden zusammen. Wenn wir wissen, daß einige Dinge existieren, die sich wirklich einer Definition entziehen – Dinge wie unsere Begriffe von Raum und Zeit und die Seele – dann wird klar, daß in unserem Universum noch viele andere Dinge existieren müssen, die zu bestimmen wir bisher nicht geschickt genug gewesen sind. Solche wie Gott. Wir haben bisher noch nicht bewiesen, daß er (oder es) existiert, aber wir haben auch nicht bewiesen, daß Raum oder Zeit wirklich existieren! Alles sind Hypothesen, bei denen wir nur fragen können: Ist diese Idee tragfähig?

Wenn die materiellen Dinge *alles* wären, was existiert, wie in aller Welt könnten wir uns dann ein Ideal für unser Leben vorstellen, das anders (wir vermuten besser) wäre als das Leben, das wir jetzt führen? Es wäre ganz unmöglich.

Drei Dinge sind von großer Bedeutung – die unbeweisbaren Tatsachen des Lebens, die Existenz eines Ichs und die Vorstellung von anderen Möglichkeiten für uns.

Hier wollen wir diese Untersuchung beenden und einen Seitenweg einschlagen – wo sind wir, und wie sind wir hierhergekommen? Zunächst scheint es ganz klar, daß wir alle wissen, wo wir sind, aber wenn wir versuchen, unseren genauen Ort im Universum zu bestimmen, dann ist das nicht so leicht. Wir wollen versuchen, das zu verstehen. Wir leben auf einem Planeten, der Erde genannt wird. Die Erde ist nicht der einzige Planet – wir kennen allein neun größere in diesem Sonnensystem. Das Wort ›Planet‹ bedeutet ›Wanderer‹; die frühen Sternbeobachter haben bemerkt, daß, obwohl fast alle Sterne am Himmel in festliegenden Abständen voneinander blieben, einige von ihnen jedoch dauernd ihre Stellung veränderten. Diese Wandersterne sind gar keine Sterne, sondern die Planeten Merkur, Venus, Erde, Mars, Saturn, Jupiter, Uranus, Neptun und Pluto.

Weil die Astronomen vor dem Mittelalter glaubten, die Planeten bewegten sich in kreisförmigen Bahnen am Himmel, nahmen sie an, sie seien Teil eines recht kleinen kreisförmigen Universums mit der Erde als Mittelpunkt und den Planeten, die sie umkreisten. Weil die Sterne sich in der Nacht am Himmel bewegten, ihre Abstände aber gleich blieben, dachten sie, sie seien eingebettet in eine feststehende Sphäre, wie der stabile runde Deckel einer Suppenterrine, und dahinter befinde sich nichts mehr. Nichts könne sie durchdringen, und nichts liege hinter ihr. Die ganze Schöpfung Gottes bewege sich bequem im Inneren, die Erde sei der Mittelpunkt von allem. Die Sonne und der Mond befänden sich ebenfalls innerhalb des Fixsternhimmels und umkreisten die Erde wie die Planeten. Der größte Teil dieses Systems war von dem hervorragenden Astronomen Ptolemäus von Alexandria im 2. Jahrhundert nach Christus entwickelt worden. Seine Werke wurden später ins Arabische übersetzt, und im 12. Jahrhundert übertrugen sie einige Gelehrte ins Lateinische. Diese Theorien wurden von der Kirche mit großem Interesse aufgegriffen, und der heilige Thomas von Aquin, der einen so großen Einfluß auf die Lehren der Kirche hatte, schuf eine Theorie, die die kirchlichen Auffassungen und das neue Wissen aus den alten griechischen Manuskripten miteinander verband. Später galt es als Ketzerei, mit diesen Ansichten nicht übereinzustimmen.
Die moderne Astronomie begann mit einem Geistlichen, dem Domherrn Nikolaus Koppernik, der als Kopernikus berühmt geworden ist. Er wurde genau zwanzig Jahre nach der Eroberung Konstantinopels durch die Türken geboren. Nach umfassenden Studien kam er zu der Erkenntnis, daß es Fehler in diesem System gab. Seine Lösung für diese Probleme beruhte auf der Beobachtung, daß, obwohl der Mond die Erde umkreist, alle anderen Planeten, einschließlich der Erde selbst, sich in einer Umlaufbahn um die Sonne befinden, die gar kein Planet, sondern ein riesiger Stern ist. Zunächst zögerten die Leute, die Idee zu akzeptieren, daß wir selbst uns bewegten, heute aber wissen wir, daß wir uns wirklich mit einer furchtbaren Geschwindigkeit bewegen. Später ermöglichte der technologische Fortschritt bei der Herstellung optischer Geräte auch die Anfertigung von immer besseren Fernrohren, und die Astronomen berichteten bald von gewaltigen Entdeckungen. Einer dieser frühen

Naturwissenschaftler, Giordano Bruno, vermutete, daß auch andere Sterne Sonnen seien, jede mit ihren eigenen Planeten. Er vertrat auch die Richtigkeit einer anderen Idee von Kopernikus, daß nämlich das Universum unendlich sei, deshalb sei auch die Annahme töricht, die Sonne müsse dessen genaues Zentrum sein. Ein unendlicher Raum könne kein exaktes Zentrum haben. Und wenn der Raum ohne Grenzen war, dann konnte er auch nicht so geschaffen worden sein, wie es die Bibel beschrieb. Weil er wagte, auch das öffentlich zu sagen, wurde er von der Kirche verurteilt und verbrannt. Die Kirche glaubte fest an die alten Ideen – es gab keine neuen Welten oder Sterne.

Aber im Jahr 1572 wurde wirklich ein neuer Stern entdeckt. Etwa zur gleichen Zeit fand man heraus, daß die Kometen aus festem Material bestanden und aus den Tiefen des Weltraums kamen und geradewegs den sogenannten Fixsternhimmel durchbrachen – deshalb konnte er nicht aus einem festen Material bestehen. Und wenn die Kometen von noch weiter herkamen, dann mußte etwas hinter dem ›Fixsternhimmel‹ sein. Dieses Etwas nannten sie Raum – den Weltraum.

Im 18. Jahrhundert beschäftigten sich die Gelehrten mit dem Problem der Größe des Weltalls, seiner Zusammensetzung und seiner Entstehung. Die Kirche hatte, statt sich auf die Astronomen zu verlassen, phantastische Berechnungen angestellt, die auf den Angaben und Zahlen der Bibel beruhten. Der anglikanische Erzbischof Ussher hatte errechnet, daß Gott die gesamte Welt am Freitag, dem 23. Oktober, um 9 Uhr morgens im Jahr 4004 vor Christus geschaffen hatte. Wenn man diese Ansicht nicht teilte, konnte das einen schlimmen Tod bedeuten.

Aber die Autorität der Kirche auf diesen Gebieten wurde bald bestritten. Der erste Schlag war gekommen, als der Domherr Kopernikus behauptete, die Erde kreise um die Sonne. Das bedeutete, daß wir nicht der Mittelpunkt von allem waren und daß all die Planeten und Sterne wahrscheinlich *nicht* nur zu unserem Nutzen geschaffen worden waren. Danach wurde entdeckt, daß die Erde – verglichen mit anderen Planeten – recht klein war, nur ein winziger Teil des Universums. Konnte ein so geringes Geschöpf wie der Mensch überhaupt von irgendeiner Bedeutung für Gott sein? Wie konnten

wir glauben, daß wir wirklich das letzte Wort in der Schöpfung waren, Gottes Bild und Abbild?
Galileo Galilei gelangen mit einem Fernrohr viele neue Beobachtungen – daß Jupiter Satelliten besaß, der Mond Gebirge und die Sonne Flecken hatte. Die Behauptung, die Sonne habe Flecken, verwirrte die Kirche (die glaubte, das bedeute, die Sonne sei nicht vollkommen, und alle Schöpfungen Gottes in den Himmeln mußten doch vollkommen sein!) so sehr, daß es den Lehrern mehr als ein Jahrhundert lang nicht gestattet wurde, diese Tatsache zu erwähnen. Der arme alte Galilei, einer der größten Naturwissenschaftler aller Zeiten, wurde festgenommen und vor die Inquisition geschleppt. Dort widerrief er eilig alles, was er entdeckt hatte und trat einen hastigen und vorsichtigen Rückzug an.
Die nächste Vorstellung, die aufgegeben werden mußte, war die Idee, alles im Himmel sei stetig und ein für allemal geschaffen. Es wurden Dinge entdeckt, die sich andauernd veränderten und bewegten. Sterne standen nicht still, sondern rasten mit unglaublicher Geschwindigkeit durch den Weltraum. Riesige Explosionen von Sternen wurden beobachtet – die Supernovae. Schließlich kam den Astronomen der Gedanke, wenn die Sterne auf eine solche Art und Weise stürben, dann könne auch der Weltraum nicht immer der gleiche bleiben. War Gottes Schöpfung fehlerhaft? Und wenn die Sterne starben, konnte es dann sein, daß immer noch neue geschaffen wurden? War Gottes Werk noch weit davon entfernt, abgeschlossen zu sein? War die Menge der Materie immer die gleiche, wenn neue Sterne erschienen und alte verschwanden? Mit anderen Worten: Hatte die Bibel völlig unrecht mit ihren Lehren, und irrte sich die Kirche, wenn sie darauf bestand, Gott habe das Ganze in sieben Tagen geschaffen? Ganz plötzlich wurde es modern, gar nicht mehr an Gott zu glauben – viele Wissenschaftler gestanden, daß sie die Idee eines Gottes für kompletten Unsinn hielten. Gelehrte wie Lamarck behaupteten, alle Vorgänge im Universum spielten sich ganz selbstverständlich allein nach den Prinzipien der Naturwissenschaften ab – Gott sei nicht mehr als eine Hypothese, und diese werde schnell unnötig und überflüssig. Anders als Galilei forderte Lamarck mit seiner summarischen Feststellung über Gott: »Ich brauche diese Hypothese nicht«, die Kirche dreist heraus.

Nachdem wir unsere Vorzugsstellung als Mittelpunkt von Gottes geschaffener Welt in einem geordneten Universum verloren haben – was sollen wir jetzt glauben: Wo befinden wir uns jetzt? Unsere Sonne ist ein Stern; die uns umgebenden Planeten werden das Sonnensystem genannt. Unser Sonnensystem ist ein Teil einer sehr großen Gruppe von Sternen, die eine Galaxie genannt wird. Es gibt Millionen von Galaxien im Weltraum, und man schätzt, daß allein zu der unseren etwa hundert Milliarden Sterne (100000000000) gehören. Unsere eigene Galaxie heißt Milchstraße, in einer klaren Nacht kann man unsere Nachbarsterne als Sternhaufen am Himmel sehen.

Die Entfernungen sind unvorstellbar groß. Wenn wir mit Lichtgeschwindigkeit reisen könnten(300000 km/sec), dann würden wir 1,3 Sekunden brauchen, um den Mond zu erreichen, fünf Stunden, um das Sonnensystem zu verlassen und vier Jahre, um zum nächsten Stern zu kommen. Nur alle fünf Jahre würden wir an einem anderen Stern vorbeikommen, und unsere eigene Galaxie würden wir erst nach 80000 Jahren verlassen. Die Galaxien sind in Gruppen angeordnet. Die größte ist Hercules, in ihr sind etwa 10000 Galaxien ›zusammengehäuft‹. Etwa 2 Millionen Jahre nachdem wir unsere Galaxie verlassen haben, würden wir zu der nächsten, Andromeda, gelangen. Und 300 Millionen Jahre später kämen wir zur Hercules-Gruppe.

Ganz plötzlich wird der Mensch sehr klein, und ein Schöpfer-Gott, wenn es einen gibt, überwältigend groß.

II

Woher stammt das Universum?

Es ist eine Sache, das Universum als endlos zu bezeichnen, aber eine ganz andere, es sich anfangslos vorzustellen. Es gibt viele Theorien darüber, wie unsere Welt entstanden ist, aber noch immer ist es der allgemeine Glaube aller gedankenlosen oder kindlichen Christen, daß sich irgendwo oben im Himmel von einer Wolkenbank ein halbnackter bärtiger Mann erhebt, der eine unermeßliche Macht besitzt und alles aus dem Nichts geschaffen hat, weil ihm gerade der Gedanke gekommen ist, er könne das einmal tun. Abgesehen von der Tatsache, daß diese Gottesvorstellung weit mehr den antiken östlichen und mittelmeerischen Donnergöttern (wie dem berühmten Zeus) entspricht, ist auch sonst noch vieles an dieser Vorstellung falsch.

Zunächst gibt es keinen wissenschaftlichen Beweis, daß Gott irgendwo ›dort oben‹ ist. Wenn Gott wirklich dort oben ist, dann sind unsere Astronomen bisher noch nicht in der Lage gewesen, ihn zu finden. Entweder verbirgt er sich, oder er befindet sich extrem weit weg von uns, oder er ist vielleicht gar nicht als Gott erkennbar. Zweitens: War es ihm möglich, die Welt aus Nichts zu schaffen? Um etwas zu machen, benutzen wir immer Materialien, die bereits existieren. Die erkennbaren Merkmale des Universums bestehen aus ›Materie‹ – woher stammt diese Materie? Wenn die Materie schon da war, bevor Gott sie fand und aus ihr Dinge formte, lügen wir, wenn wir behaupten, er habe sie geschaffen. Und wenn Gott alles geschaffen hat, und man nimmt doch an, er sei so außerordentlich geschickt, warum scheint es dann so viele Fehler darin zu geben? Warum hat er nicht gleich alles richtig gemacht, nicht aber großartige Geschöpfe hergestellt und sie dann aussterben lassen, weil das Klima oder die Vegetation ihnen nicht mehr entsprachen, und so fort. Alle diese Gedanken lassen die Idee eines Gottes, der eine Art

himmlischer Weihnachtsmann ist, doch recht dümmlich erscheinen. Und gerade die frühen Christen haben sich große Mühe gemacht, dieses vorchristliche Gottesbild radikal auszurotten, sie bestanden darauf: ›Gott ist Geist‹. Doch alte Ideen sterben anscheinend nur schwer. Was aber sagen die Naturwissenschaftler?
Man kann unter mehreren Theorien wählen. Manche nehmen an, die Erde und alle anderen Planeten seien aus heißen Gaswolken entstanden, die von der Sonne abgestoßen worden seien, als deren Umdrehungsgeschwindigkeit zunahm. Als diese Wolken in den Weltraum kamen, kühlten sie ab und verfestigten sich allmählich zu den verschiedenen Planeten. Wenn das richtig wäre, dann würde es bedeuten, daß das Universum ununterbrochen größer und größer wurde, als die Massen nach außen flogen, und viele Astronomen nehmen an, das sei auch der Fall. Die Beobachtung, daß das Universum sich auszudehnen scheint, stützt diese Theorie. Unser Sonnensystem – und vermutlich auch die anderen Sonnensysteme – werden in ihrem System der Planetenumläufe durch die Schwerkraft der Sonne zusammengehalten. Wenn bei seinem Anfang Stücke von der Sonne weggeschleudert worden sind, dann wurden riesige Mengen Energie gebraucht, um sie von der Masse der Sonne abzutrennen – und das würde wahrscheinlich eher ein allmähliches Verlangsamen der Umdrehungsgeschwindigkeit der Sonne bedeuten, und nicht umgekehrt.
Eine zweite Gruppe von Naturwissenschaftlern glaubt, die Sonne sei mit einem anderen größeren Stern zusammengestoßen. Das habe eine gewaltige Explosion ausgelöst, und der andere Stern sei in Stücke zersplittert, die dann anfingen, um die Sonne zu kreisen. Diese Stücke sind unsere Planeten. Es gibt noch eine Schar von Meteoriten in einer Umlaufbahn um die Sonne; sie könnten die kleineren Bruchstücke sein oder vielleicht ein anderer Planet gewesen sein. Diese Theorie umgeht das Problem, daß sich – wie bei der ersten Theorie – von der Sonne Teile abgelöst hätten.
Aber keine der beiden Theorien sagt uns etwas darüber, wie die Sonne oder die beiden Riesensterne zunächst dorthin gekommen sind. Wer hat sie geschaffen?
Eine dritte Gruppe von Wissenschaftlern hat versucht, diese Frage zu beantworten. Sie behaupten, ursprünglich habe es weder Sonne

noch Sterne gegeben, sondern nur wirbelnde Gaswolken im Raum. Allmählich hätten sich diese Wolkenmassen durch die verschienen auf sie einwirkenden Kräfte verdichtet und sich schließlich zu Planeten und Sternen verfestigt. Aber auch das ist keine endgültige Antwort – denn woher kamen diese Gaswolken? Waren schon sie aus Atomen aufgebaut? Welche Kräfte konnten auf sie einwirken? Eine andere Theorie nimmt an, ein riesiges ›kosmisches Atom‹ sei explodiert und sein ›fall out‹ (Niederschlag) sei zu Sternen und Planeten geworden – etwa wie ein Tintenfleck auf einem Luftballon, der so groß aufgeblasen wird, daß die Farbteilchen selbständig werden. Man hat behauptet, wenn ein einziges Atom gegeben sei, dann könne der Rest der Schöpfung weitergehen, aber woher kam dieses erste Atom? Der Stoff, aus dem das Universum vermutlich gemacht ist, wird ›Materie‹ genannt. Das ist etwas, was Raum einnimmt und ein Gewicht hat. Er kann entweder in fester oder in gasförmiger oder flüssiger Form existieren. Manchmal verursachen die Bedingungen seiner Umgebung seinen Übergang von einer Form in eine andere – ein Wechsel der Temperatur kann etwa Wasser zu Eis oder zu Dampf werden lassen.

Schon Naturwissenschaftler der Antike haben herausgefunden, daß alle Materie aus winzigen unsichtbaren Teilchen aufgebaut ist, die sie Moleküle genannt haben. Ein Molekül war der kleinste mögliche bekannte Teil jeder Substanz, und man nahm an, weil es der kleinste mögliche Teil war, könne es nicht in noch kleinere Teile zerlegt werden. Unglücklicherweise – oder vielleicht glücklicherweise – ist die Wissenschaft gewöhnt, sich selbst sehr bald zu widersprechen. Kaum ist eine Hypothese aufgestellt, gilt als gültig bewiesen und ist zu einem Gesetz gemacht worden, da wird auch schon eine Ausnahme von dieser Regel gefunden, und der ganze Prozeß, ein neues Gesetz zu finden, das die Abweichungen berücksichtigt, fängt wieder von vorn an.

Die Vorstellung, die Moleküle seien die kleinsten möglichen Einheiten der Materie, hatte nicht lange Bestand. Man entdeckte, daß die Materialien in der Natur entweder ganz aus einer einzigen Substanz bestehen – in diesem Fall werden sie Elemente genannt –, oder sie bestehen aus einer Mischung von zwei oder mehr Elementen – in diesem Fall werden sie Verbindungen genannt. Verbindungen kön-

nen chemisch wieder in ihre Grundbestandteile, die Elemente, zerlegt werden.
Die winzigen Teile, die die Bausteine der Moleküle sind, wurden Atome genannt, und zuversichtlich wurde behauptet, sie seien nun aber wirklich die kleinsten möglichen Einheiten des Seins. Sie sind wirklich so winzig, daß kein Atom jemals von einem menschlichen Auge gesehen worden ist, auch nicht mit der Hilfe eines Mikroskops.
Weil die Elemente verschieden sind, sind auch die sie bildenden Atome ebenfalls verschieden – jede Art hat ihre besondere Größe, Reaktionsfähigkeit, Stabilität und Gewicht. Einhundertunddrei verschiedene Formen sind bisher festgestellt worden, zweiundneunzig kommen natürlich auf der Erde vor, und elf sind vom Menschen hergestellt worden. Theoretisch gibt es keine Grenzen für chemische Verbindungen, die von Menschen hergestellt werden können; jedesmal, wenn man ein Atom benannt, berechnet und festgestellt hat, wie es sich mit einem anderen verbinden läßt, kann man eine neue Verbindung schaffen – zum Beispiel Nylon, Terylen oder Polyurethan.
Schon bald haben Wissenschaftler begonnen, über den Bau des Atoms Vermutungen anzustellen. War es wirklich die kleinste mögliche Einheit? War es fest oder hohl? Bestand es ganz aus dem gleichen Stoff, hatte es Schichten, oder war es eine Mischung aus verschiedenen Arten von Materie?
Niels Bohr und andere haben angenommen, die Atome bestünden tatsächlich aus einem Kern von positiv geladenen elektrischen Partikeln, den Protonen, und neutralen Partikeln, den Neutronen, und aus negativ geladenen elektrischen Teilchen, den Elektronen, die wie in einem verkleinerten Sonnensystem den Kern umkreisten. Die Elektronen würden auf ihrer Umlaufbahn gehalten durch die Anziehungskraft zwischen ihren negativen Ladungen und den positiven Ladungen der Protonen im Kern. Das bedeutete, daß die Atome prinzipiell elektrischer Natur waren und positive und negative Ladungen besaßen, die sich bei jedem Atom im Gleichgewicht hielten. Wenn sich in einem Atom die Ladungen im Gleichgewicht befinden, dann ist das Atom neutral oder ungeladen – es ist stabil. Wenn das nicht so wäre, wäre die Existenz des Lebens, so wie wir es kennen,

unmöglich, denn nichts bliebe für längere Zeit gleich und es könnten keine ›Naturgesetze‹ gelten. Dennoch wurde um 1900 entdeckt, daß einige Atome sicher nicht stabil waren und spontan zerfielen. Solche Substanzen wurden radioaktiv genannt. Zu ihnen gehört das Radium, von dem man jetzt weiß, daß es in mindestens sechzehn Stadien des Zerfalls existiert. Einige radioaktive Atome zerfallen sehr schnell, im Bruchteil einer Sekunde – andere brauchen dazu Jahrmillionen. Aber ihr Zerfall scheint ganz zufällig und unvorhersehbar – obwohl die Wissenschaft vielleicht bald einige dieser Voraussetzungen feststellen wird, die den Zerfall auslösen. Wenn Atome zusammenbrechen, dann können sie nicht kleine feste Stoffbröckchen sein, wie wir angenommen haben. Seit der Möglichkeit der atomaren Kriegsführung (Atombomben basieren auf der Radioaktivität von Uranium oder Kobalt) hat sich das Atom als spaltbar erwiesen!
Die kleinsten möglichen Einheiten des materiellen Daseins sind deshalb die Dinge, in die das Atom gespalten wird – die Elektronen, Protonen und Neutronen. Aber ihr einziges bisher bekanntes Merkmal ist ihre elektrische Ladung, eine negative oder eine positive, und ihre Masse. Manche Wissenschaftler gehen davon aus, daß selbst die Masse eines Atoms mit den Begriffen der Elektrizität bestimmt werden kann. Unser Griff nach der ›Materie‹ wird immer schwächer. Wir scheinen uns auf einer Reise in die Unendlichkeit zu befinden. Und Unendlichkeit bedeutet, daß wir aufgeben müssen. Wir möchten wissen, ob die Teilung der Materie in immer kleinere Einheiten wirklich unendlich weitergeht, oder ob es irgendwo und irgendwie einen Anfang gibt. Wir möchten wissen, ob wir, wenn die Materie einen Anfang hat, dann nicht nur zu der Frage berechtigt sind, wie, sondern auch warum alles angefangen hat.
Selbst ohne die Hilfe unseres technischen Wissens im 20. Jahrhundert hat dieses Problem den Geist der großen griechischen Philosophen intensiv beschäftigt. Die Schwierigkeit liegt darin, daß alle Größen, wir können auch Zahlen sagen, ständig weiter halbiert werden können. Ist es deshalb unmöglich, daß es einen allerkleinsten Punkt gibt? Wenn alle Entfernungen durch zwei geteilt werden können, werden wir niemals an den Punkt gelangen, wohin wir gelangen wollen, weil wir immer zuerst noch die halbe Entfernung

zurücklegen müssen. Und doch kommen wir dorthin. Haben wir irgendwie und irgendwo den kleinsten Punkt überschritten, eine Distanz, die so winzig ist, daß sie nicht mehr durch zwei geteilt werden kann? Ist die unendliche Teilbarkeit nur eine theoretische Möglichkeit? Wenn es einen kleinsten Punkt gibt, hatte er einen Anfang? Woher stammt er?

Was die Frage anlangt, wo sich Gott im Universum befindet, folgt die Kirche heute den Naturwissenschaften und hat die Suche im Weltraum aufgegeben. Es gibt mehrere tiefsinnige Antworten, so die Vorstellung, Gott sei überall, oder er sei unser innerstes Wesen. Und natürlich auch die, daß er gar nicht existiere.

12
Warum ist das Universum entstanden?

Eines der Naturgesetze, die augenblicklich besonders intensiv diskutiert werden, ist das Kausalprinzip. Es besagt, daß alles, was geschieht, von etwas verursacht sein muß, es hat sich keineswegs etwa entschlossen, von selbst zu geschehen. Überdies verursacht alles, was wir tun, in einer Kettenreaktion andere Dinge – ein Vorgang, der immer alles bestimmt. Das scheint so klar, daß es uns geradezu schockiert, wenn wir erfahren, daß die neuesten wissenschaftlichen Entdeckungen etwas festgestellt haben, was im Bereich der Atome das Kausalprinzip genau an der Wurzel trifft.

Beim Atommodell von Niels Bohr dachte man, die Elektronen wirbelten in einer Umlaufbahn um einen winzigen und sehr dichten Atomkern. Mit dem Aufkommen der Quantentheorie wurden die sich bewegenden Teilchen durch Wellenmuster ersetzt – rein mathematische Darstellungen, die nicht mit statischen Diagrammen sichtbar gemacht werden können. Von Werner Heisenberg stammt der Begriff der ›Unschärferelation‹ – eine Theorie, nach der wir niemals gleichzeitig den Impuls und Ort eines Elektrons kennen können.

Von einem isolierten Elektron kann man nichts wissen. Wir können erst dann etwas von ihm wissen, wenn es seine Energie mit etwas anderem austauscht. Um das festzustellen, benutzen wir Licht, und damit wirkt ein Quantum Energie ein – und das genügt, um das Elektron abzulenken. Um aber vorhersagen zu können, wohin es sich bewegen wird, müssen wir seine Position und seine Geschwindigkeit kennen. Diese beiden aber hängen so eng miteinander zusammen, daß wir, je mehr wir von dem einen wissen, desto weniger von dem anderen wissen. Wenn wir die Werte kennen, sind sie für uns schon bedeutungslos. Es ist wie mit dem Problem der Katze in einer Kiste. Wenn man eine Katze in eine Kiste steckt, die so mit einer Schußvorrichtung verbunden ist, daß sie feuert, wenn auch nur ein Photon Licht auf einen Mechanismus an der Auslösevorrichtung trifft – wie soll man dann wissen, ob die Katze in der Kiste lebendig oder tot ist? Sie könnte sowohl das eine als auch das andere sein – potentiell beides. Aber wenn der Beobachter es festzustellen versucht und den Deckel auch nur einen winzigen Spalt weit öffnet, dann löst seine Handlung einen der möglichen Zustände aus. Wir können nicht *sehen*, ob die Katze darin ist, ob sie lebt und sich wohl befindet – wir können nur sagen, die Wahrscheinlichkeit besteht, daß es so ist.

Mit anderen Worten: Masse, Ausdehnung und Geschwindigkeit eines Objekts sind keine in sich feststehenden Dinge, sondern in hohem Maße abhängig vom Verhältnis des Objekts zum Beobachter. Die scheinbare Festigkeit und Dauerhaftigkeit der Materie wird zu einer bloßen Anordnung von Wahrscheinlichkeitswellen. Was Masse zu sein schien (materielle Existenz), war nur eine zeitliche Erscheinung von nicht-materieller Energie und könnte leicht wieder nicht-materiell werden. Es könnte sich herausstellen, daß Strahlung Materie ist, die sich mit Lichtgeschwindigkeit bewegt, oder daß Materie Strahlung ist, die weniger als Lichtgeschwindigkeit besitzt.

Trotz diesen Problemen im subatomaren Bereich scheinen im atomaren und materiellen Bereich die Kausalgesetze weiter zu gelten.

Wenn ich existiere, dann muß es dafür eine Ursache geben. Es gibt eine. Meine Eltern haben sich verbunden, und ich bin entstanden. Es muß eine Ursache dafür geben, warum meine Tasse Tee heiß ist. Es gibt eine – ich habe das Wasser kochen lassen, mit dem ich den Tee aufgebrüht habe. Es muß eine Ursache dafür geben, daß meine Tasse Tee kalt wird, wenn ich sie stehenlasse. Es gibt eine – wenn man die Wärmequelle wegnimmt, kühlt die Tasse ab. Jedes einzelne Ding, das in unserer Welt geschieht, geschieht aus einer Ursache. Jedes Ergebnis ist von etwas verursacht.

Man stelle sich diese Tasse Tee vor. Wenn ich den Kessel nicht aufgestellt hätte, hätte sich das Wasser nicht erhitzt. Denn es hätte keine Ursache dafür gegeben. Wenn ich den Wasserhahn nicht aufgedreht hätte, wäre kein Wasser in dem Kessel gewesen. Wenn das Wasserwerk keine Rohre verlegt hätte, hätte es auch keinen Wasserhahn gegeben. Wenn kein Regen gefallen wäre, hätte es kein Wasser gegeben. Wenn Wasserstoff und Sauerstoff keine Verbindung miteinander eingegangen wären, hätte es keinen Regen gegeben. Wenn kein einziges Elektron und kein einziges Proton sich miteinander verbunden hätten, gäbe es keinen Wasserstoff, und so weiter. Wir brauchten nicht einmal an dieser Stelle aufzuhören.

Jetzt sollte es klar sein, daß ein Ergebnis einfach nicht zustande kommt, wenn man seine Ursache entfernt. Wenn ich nicht das Wasser in den Kessel hätte fließen lassen, hätte ich keinen Tee – er hätte sich nicht selbst dazu entschlossen, aus nichts zu entstehen. Er hätte einfach niemals existiert.

Wenn wir uns nun einigermaßen sicher sind, daß die Welt, in der wir leben, wirklich existiert, muß es also auch eine Ursache geben, *warum* sie existiert. Was auch immer existiert, muß irgendwann einmal verursacht worden sein – gleich, wie lange dies her oder wie weit entfernt es geschehen sein mag. Was auch immer das erste Ding auf unserer Erde gewesen ist, es muß als das Ergebnis bestimmter Ursachen entstanden sein. Was aber hat diese selbst verursacht? Die Antwort heißt: immer mehr und immer frühere Ursachen, und so geht es rückwärts bis in die Unendlichkeit.

Manche Leute brechen die Frage dort ab: Die Welt sei geschaffen in der Unendlichkeit, jenem seltsamen Ort, der mit den sich treffenden Parallelen und der periodischen Drei zu tun habe. Andere sagen, es *müsse* eine erste Ursache geben, und was sie auch immer gewesen sei, alles habe mit ihr angefangen. Religiöse Menschen nennen diese erste Ursache ›Gott‹, Wissenschaftler werden das gleiche wahrscheinlich die ›allererste Energie‹ nennen. Auf dieser Stufe bedeuten die beiden Ausdrücke das gleiche.

Der Beweis für Gott als erste Ursache wurde von Thomas von Aquin vorgebracht. Er ging von der Annahme aus, das Universum habe sein Entstehen *nicht* selbst verursacht, und darum müsse es eine äußere Ursache geben, nach der gesucht und die entdeckt werden müsse. Zweitens war er sich der Veränderung und der Bewegung im Universum bewußt. (Veränderung und Bewegung sind notwendige Bedingungen dafür, daß Daseiendes überhaupt erkannt werden kann.) Um ein Beispiel aus den naturwissenschaftlichen Erkenntnissen des 20. Jahrhunderts zu nehmen: Man betrachte das Problem der Messung der Temperatur eines Objekts. Die Temperatur eines Körpers ist die Angabe des Maßes der zufälligen Hin- und Herbewegung seiner Moleküle und Atome. Eine Bewegung dieser Art wird durch Abkühlung verlangsamt. Die niedrigste vorstellbare Temperatur, von der wir wissen, beträgt −273,15° C. Diese Zahl ist durch Überlegungen, nicht durch Messungen gewonnen worden, weil der absolute Nullpunkt in der Praxis nicht erreicht werden kann. Weil die Bewegung der Atome eines Objekts durch Abkühlung verlangsamt wird, ist der absolute Nullpunkt die Temperatur, bei der sie ganz aufhören würde, und von den bewegungslosen Ladungen von Atomen kann man vernünftigerweise nicht sagen, daß sie überhaupt existieren.

Wenn es nun Veränderung und Bewegung im Universum gibt, dann müssen diese Veränderungen durch andere bereits existierende Dinge, die sich verändern oder bewegen, hervorgebracht werden. Damit ein Ding sich bewegt, muß es von etwas, was sich schon in Bewegung befindet, bewegt werden. Thomas von Aquin konnte der Ansicht , es gebe eine unendliche Anzahl von Veränderungen, nicht zustimmen, darum nahm er an, es müsse irgendwo einen ersten unveränderlichen Veränderer oder unbewegten Beweger geben. Ebenso, wie die Dinge verursacht seien, müsse es auch einen ersten Verursacher geben.

Weil manche Dinge entstehen und dann wieder vergehen, können sie sein oder nicht sein. Wenn man nur lange genug wartet, werden sie früher oder später nicht mehr sein. Sie werden zu existieren aufhören. Darum würde – wenn alles, was existieren oder nicht existieren kann, früher oder später nicht mehr existiert – schließlich nichts mehr sein! Aus nichts kann nichts entstehen, und wenn es kein unvergängliches Wesen gäbe, das beständig und ewig existierte, was immer auch sonst noch existiert oder nicht existiert, wäre das ganze Universum nicht entstanden. Die erste Ursache oder der erste Beweger ist also ein notwendiges Wesen und ein unvergängliches Wesen. Thomas nannte es ›Gott‹.

Das klingt überzeugend genug, aber es bleiben dennoch Probleme. Wenn das Universum existiert, dann muß es einen Grund dafür geben, daß es existiert. Dieser Grund kann nicht Teil des schon existierenden Universums sein, darum muß er sich außerhalb von ihm befinden. Soweit, so gut. Aber Zeit und Raum und die ursächlichen Beziehungen sind sämtlich Teil unseres Kosmos – die Ursache von allem muß dann jenseits der Kausalität liegen –, und eine solche Erklärung widerspricht sich selbst. Wir landen damit in einem Bereich jenseits der Wissenschaft.

Unser vierdimensionales Raum-Zeit-Kontinuum wird erst dann verständlich, wenn es in Beziehung zu einem aus sich selbst existierenden Wesen außerhalb von ihm gesehen wird, das es eingerichtet hat. Wir müssen nach Erklärungen und Gründen suchen. Es muß einen Grund dafür geben, warum das gesamte Universum oder ein Teil von ihm so ist, wie es in einem bestimmten Augenblick ist, und nicht anders. Weil unter Universum hier ›die Gesamtheit all dessen, was existiert oder jemals existieren kann‹, verstanden wird, ist es eben so, oder es muß von einer Wirklichkeit abhängen, die die allerletzte ist und die sich jenseits des Ganzen befindet.

Die Alternative zu all diesen Überlegungen liegt natürlich darin, daß das Universum sich selbst verursacht hat und sich ohne irgendeine äußere Macht selbst erhält. Eine philosophische Schule, deren Zentrum Wien ist (ihre Angehörigen nannten sich selbst logische Positivisten), hielt den religiösen Glauben an die Schöpfung buchstäblich für Unsinn. Alles und jeder Gedanke muß nach ihrer Ansicht an dem gemessen werden, was sie das ›Verifikationsprinzip‹ genannt haben: Eine Hypothese ist nur dann sinnvoll, wenn sie eine analytische Aussage ist (wie: Alle Junggesellen sind unverheiratet) oder wenn sie durch Beobachtung und Versuch als wahr erwiesen werden kann. Konsequenterweise gelten alle religiösen Hypothesen als sinn- und bedeutungslos, da sie nicht durch Beobachtung und Experiment überprüft, sondern nur durch Deduktion abgeschätzt werden können. Sigmund Freud ging so weit zu sagen, man müsse wählen zwischen der Religion, die sich mit Phantasiegebilden beschäftigt, und der Wissenschaft, die sich mit Fakten beschäftigt, und die Zukunft der Menschheit hänge davon ab, daß man die Religion so schnell wie möglich durch die Wissenschaft ersetze.

Der Christ ist sich jedoch der Grenzen seiner Vernunft bewußt, und er vertraut den Fähigkeiten des Wissenschaftlers nicht so sehr, wie es der Wissenschaftler selbst tut. Der Christ wird nicht nur von der Vernunft sprechen, sondern auch von der Offenbarung – das aber gehört in ein anderes Kapitel.

Abschließend möchten wir sagen: Wenn jemand mit den nüchternen Feststellungen der logischen Positivisten nicht übereinstimmt (die sich mit der Untersuchung des Kausalitätsproblems nicht beschäftigt haben), dann stehen wir zwar vor der Möglichkeit der Existenz Gottes, aber auch vor dem Problem, *wie* denn etwas, was so ganz anders und jenseits und fern ist, physische Wirkungen auslösen, Menschen in ihrem Leben beeinflussen kann und so fort. Wir haben keineswegs die Existenz Gottes bewiesen, wir haben sie nur in den Bereich der Möglichkeit gerückt, dafür haben wir uns selbst die Aufgabe gestellt, die Lösung eines weiteren dunklen Geheimnisses zu versuchen.

13

Sind wir geschaffen worden oder sind wir durch einen Zufall entstanden?

Wenn wir annehmen, daß wir nicht genau sagen können, wo wir sind oder wie wir hierher gekommen sind – kann dann vielleicht die Untersuchung dessen, was wir sind, etwas Licht auf die Existenz Gottes werfen?

In der Bibel gibt es zwei Berichte darüber, wie Gott die Welt erschaffen hat. Nach dem einen bevölkerte Gott die Welt mit allen Arten von Lebewesen und Pflanzen und schuf schließlich die Menschen, sie sollten »fruchtbar sein und sich vermehren, die Erde bevölkern und sie sich unterwerfen und herrschen über alle Tiere, die sich auf dem Land regen« (Gen 1,28). Die Menschen und die Tiere sollten Vegetarier sein und in Frieden und Harmonie leben.

Nach dem zweiten Bericht wurde der Mensch aus Erde geformt (das hebräische Wort für Erde ist Adamah, deshalb war der Erdling ein Adam). Als Gott ihm in die Nasenlöcher blies, wurde der Erdmann selbst ›ein lebendes Wesen‹. Gott gab ihm einen Garten, in dem er leben sollte. Darin standen zwei besondere Bäume – der Baum des Lebens und der Baum der Erkenntnis des Guten und Bösen. Dem Menschen war bei Todesstrafe verboten, den letzteren zu berühren. Wenn er es unterließe, würde er für immer zufrieden leben. Weil der Mensch allein war, trotz der Riesenaufgabe, das ganze neugeschaffene lebende Inventar des Gartens mit Namen zu versehen, wurde, während er im Schlaf lag, eine Frau aus einer seiner Rippen gemacht. Eine sprechende Schlange brachte die Menschen dazu, die Frucht des verbotenen Baumes zu essen. Sie nahmen die Verantwortung für ihre Tat auf sich, erlangten das Wissen vom Unterschied zwischen Gut und Böse, verloren aber das Recht, für immer in Behaglichkeit und Unschuld zu leben. Sie hatten keinen Platz mehr in dem idyllischen Garten und verließen ihn für die Welt, die wir kennen – um

Schmerz und Leiden zu erfahren und das Menschengeschlecht zu begründen.

Dieses Ereignis ist als Sündenfall bekannt, und die Sünde des Ungehorsams, die sie begingen, war die Ursünde. Weil das erste Menschenpaar den Samen für die gesamte künftige Menschheit in sich trug, wurde die Sünde für immer auf alle ihre Kinder übertragen, und es war unmöglich, daß ein Kind unverdorben von dieser Erbsünde geboren wurde. Es ist ganz klar, daß jemand, der die Existenz des ersten Menschenpaares leugnet und die Geschichte eher als Mythos denn als buchstäbliche Wahrheit versteht, auch die Bedeutung dieser Interpretation der Erbsünde bestreiten wird.

Man könnte sich fragen, warum die Kirche eine so altertümliche Vorstellung nicht unverzüglich aufgibt. Der Grund dafür ist sehr kompliziert, aber er berührt die theologischen Grundlagen des Christentums. Es gehört zu unserem Glauben, daß Jesus kein gewöhnliches Baby gewesen ist – er war der Sohn Gottes. Eine göttliche Person dieser Art war für jede Religion notwendig, die den Anspruch erhob, durch einen Akt der Erlösung eine besondere Beziehung zu einem Gott zu besitzen. Anselm von Canterbury hat gelehrt, daß Gott, wenn er vollkommen gut und gerecht, ja wenn er die ewige Gerechtigkeit selbst ist, auch eine Art von Bestrafung für böses und unrechtes Tun durchsetzen muß. Er kann vergeben, aber er kann nicht alles durchgehen lassen. Anselm sagt, weil alle Menschen mit dem Makel der Erbsünde geboren sind, müßten sie alle bestraft werden. Als Individuen jedoch hätten sie die Strafen nicht verdient, die sie um ihrer Stammeltern willen träfen. Weil die Menschen aber in Sünde geboren sind, könne kein Individuum so gut werden, daß es selbst seine Schuld aufwiegen könne. Dies habe Gott in eine verzwickte Lage gebracht, weil er die Sache in Ordnung habe bringen wollen, ohne seine ewige Gerechtigkeit aufzugeben. Gott allein vermöge durch sein Gutsein die Sünden aufzuwiegen; eigentlich aber hätte das der Mensch tun müssen, weil es ja um seine eigene Sündhaftigkeit ging. Die Lösung bestand deshalb darin, einen Erlöser zu finden, jemand, der in einer Person beides war, Gott und Mensch. Die christliche Kirche glaubt, daß Jesus eine solche Person war. Wenn jemals anzunehmen wäre, daß alle Vorstellung vom Sündenfall mythologisch und nicht historisch gemeint ist und daß es, zweitens, vielleicht einzelnen möglich ist, ihre eigene Erlösung durch ihr Leben und ihre verdienstvollen Werke zu bewirken, dann würden gerade die Glaubenslehren von der Menschwerdung und der Rechtfertigung untergraben werden. Das ist der Grund dafür, warum die Kirche recht zurückhaltend ist und das Badewasser nicht ausschüttet – das Kind scheint um so schlüpfriger und schwächer zu werden, je mehr sich im Lauf der Zeit die Naturwissenschaften, die Kenntnisse und die Intelligenz entwickeln, die sich gegen die Herrschaft eines blinden Dogmas, eines fraglosen Glaubens wenden.

Aber zurück zur Schöpfungsgeschichte. Die neuen und unerfahrenen Menschen gerieten fast sogleich, nachdem sie ihren Garten verlassen hatten, in Schwierigkeiten, und nach ein paar Generationen war die Lage so schlimm, daß Gott sich entschloß, einen neuen Anfang zu machen. Es wurde eine Flut veranstaltet, die alles auslöschen sollte, und nur eine einzige Menschenfamilie und je ein Paar von Tieren jeder Art sollten in einem riesigen Schiff gerettet werden.

Selbst der große Naturwissenschaftler Isaac Newton glaubte an diesen Teil des Buches Genesis, und es gibt wirklich zahlreiche archäologische Beweise dafür, daß im Tal von Euphrat und Tigris eine gewaltige Flut stattgefunden hat. Vielleicht sind es auch mehrere gewesen. Sie waren wahrscheinlich schreckliche Naturkatastrophen und haben sehr viele Tote gefordert. Legenden über furchtbare Fluten findet man nicht nur in der Bibel. Auch in dem babylonischen Epos Gilgamesch erlebt der Held Utnapischtim eine Flut, und in der griechischen Mythologie ist Deukalion an die Stelle Noachs getreten. Man hat sogar behauptet, das Wrack eines vorgeschichtlichen Schiffes sei auf dem Gipfel des Berges Ararat gefunden worden, aber in der letzten Zeit hat man nichts mehr davon gehört. Eine Lehrmeinung, die von den sogenannten ›Neptunisten‹ vertreten wurde, sah in den versteinerten Seemuscheln, die man auf den Gipfeln mancher Berge finden kann, den Beweis dafür, daß die biblische Flut einmal die ganze Erde bedeckt hat.

Durch einen seltsamen Zufall war es gerade das Schiff, das dieser biblischen Idee ein Ende machte. Mit den Verbesserungen im Schiffsbau begannen Reisende, immer entferntere Gebiete zu erforschen, besonders die beiden amerikanischen Halbkontinente, Australien und den Pazifik. Dort fanden sie viele seltsame Tiere, die sie vorher niemals gesehen und von denen sie noch nie gehört hatten – das Känguruh, das Emu und das Schnabeltier, das nach seinem entenähnlichen Kopf so heißt. Wie kamen sie aus dem heiligen Land Palästina dorthin? Nirgendwo sonst in der Welt wurden sie gefunden. Wenn sie in Noachs Arche gewesen wären, müßte dann das Känguruh sich nicht auch irgendwo in der westlichen Welt finden? Bedeutete dies, daß sie von selbst entstanden waren, oder hatte Gott noch eine andere Schöpfung unternommen, die in der Bibel nicht erwähnt wird?

Die interessantesten Entdeckungen in Amerika waren die von riesigen versteinerten Knochen – Überreste der Riesen der Vorzeit, der Dinosaurier. Wie hatte sie Noach nur in die Arche bringen können, und warum hatte er sie alle nach Amerika befördert? Oder war es denkbar, daß sie einer Zeit angehörten, die lange vor dem Aufkommen der Säugetiere lag, wie wir sie kennen? Die Neptunisten räumten ein, das sei möglich, aber diese ausgestorbenen Arten seien Tiere, die nicht in die Arche gebracht worden und darum alle untergegangen seien. Genauere Beweise könnten erst erbracht werden, wenn man wissenschaftliche Methoden entwickelt habe, mit denen diese alten Knochen zu datieren seien.

Wie stand es aber mit den lebenden Arten? Es gab so viele. Wie hatte Noach zwei von jeder Art in die Arche bringen können? Wenn die Neptunisten behaupteten, alles außerhalb der Arche sei untergegangen, dann mußte sie ein außerordentlich großes Schiff gewesen sein, das von Insekten und ekelhaften Kriechtieren nur so wimmelte – die Vorstellung, daß Noach sie alle eingesammelt hätte (mit einem Schmetterlingsnetz?), ist komisch, wenn nicht absurd.

Den entscheidenden Schlag gegen die Ansicht der Kirche über die alten biblischen Berichte führte Charles Darwin. Sein Großvater war ein hervorragender Biologe, der in ihm das Interesse für alle Arten von Tieren geweckt hatte. Er hatte die Theorien des Nationalökonomen Robert Malthus in dessen ›Versuch über die Bedingungen und Folgen der Volksvermehrung‹ (so der Titel der ersten deutschen Ausgabe des 1798 erschienenen Werkes) gelesen. Malthus hatte zeigen wollen, wie sehr die Bevölkerung einer Gemeinschaft (einer tierischen oder einer menschlichen) von den Nahrungsmöglichkeiten abhängig sei. Im Verhältnis zu den geringen zur Verfügung stehenden Nahrungsmengen gebe es immer zu viele Münder, die gesättigt werden müßten, und deshalb bedeute schon der Versuch, am Leben zu bleiben, einen Kampf, in dem immer die Schwächsten von den Stärksten oder Anpassungsfähigsten, eben den Cleversten, besiegt würden. Nur die für das Überleben Geeignetsten könnten überleben – der Rest werde ausscheiden müssen.

Darwin war von diesen Ideen tief beeindruckt und begann, den Gedanken auf die ihn umgebende Welt anzuwenden. Statt sich einen vollkommenen Gott vorzustellen, der vollkommene Umwelten geschaffen hatte und dann Lebewesen, die diesen vollkommen angepaßt waren – kam er auf die Idee der ›natürlichen Auslese‹ oder des Überlebens derer, die ihrer Umwelt am besten angepaßt waren. Er nahm an, die Tiere paßten sich auf alle möglichen Weisen ihrer Umwelt an, und diejenigen seien am erfolgreichsten, die ihre Schwierigkeiten beim Überleben am besten meisterten. Die anderen müßten einfach aussterben. Wenn sich die Umwelt verändere, würden sich auch die Lebewesen verändern und den neuen Bedingungen anpassen.

Ein Beispiel: Das Pferd hat seine Existenz als ein kleines Tier von der Größe eines Hundes begonnen und erst allmählich seine heutige Größe erreicht, seine kräftigen Beine und festen Hufe, als es anfing, auf Grasebenen zu weiden. Die Säugetiere fingen damit an, ihre Jungen lange Zeit schützend in ihrem Körper zu tragen, anstatt Eier zu legen, die zu oft von Feinden gefressen wurden. Sie entwickelten einen Vorrat an Milch und säugten ihre Jungen, bis diese selbständig leben konnten.

Was die Kirche an dieser Theorie am stärksten beunruhigte, war die Vorstellung, die verschiedenen Tierarten seien nicht beständig – sie könnten ihre Gestalt und ihren Charakter verändern. Dafür gab es in der Bibel keinen Beweis! Es bedeutete, daß Gottes Schöpfungen nur Experimente, daß seine ersten Versuche nicht vollkommen waren und daß es eine Grenze für seinen Plan gab, für seinen großen Entwurf des Universums.

Die Männer der Kirche waren tief betroffen. Ihr Standpunkt vor Darwin war von William Paley formuliert worden; er hatte behauptet, jedes einzelne Ding auf Erden sei so vollkommen seiner natürlichen Umgebung angepaßt, daß es unmöglich sei, daß die Dinge unbeabsichtigt, durch einen bloßen Zufall, entstanden seien. Man betrachte das Auge eines Vogels; ein Vogel muß aus nächster Nähe sehen können, damit er Samen und kleine Insekten aufpicken kann, und er muß zugleich eine weite Sehkraft besitzen, damit er sich in die Luft erheben und große Entfernungen überblicken kann. Es ist fast unvorstellbar, daß er beides wirklich kann. Paleys berühmtestes Argument war das der Uhr. Wenn jemand über die Felder wandere und dort einige Steine umherliegen sehe, werde er sich nichts dabei denken. Wenn er aber einige Steine finde, die so angeordnet seien, daß man lesen könne: ›geh in diese Richtung‹, dann sei die Annahme berechtigt, daß irgend jemand dort gewesen sei, daß ein denkender Geist sie so angeordnet habe. Wenn er aber nicht Steine auf dem Boden liegen sehe, sondern eine Uhr, dann werde er – selbst wenn er aus dem Weltraum komme – gewiß daraus schließen, daß sie ein Beweis für einen ›Hersteller‹ sei, für jemand, der Dinge entwerfen und herstellen könne. Auch wenn er den Uhrmacher nicht gesehen habe, mache das nichts, denn das Objekt selbst werde ihn davon überzeugen, daß es das Ergebnis eines intelligenten Geistes sei. Auch wenn die Uhr nicht vollkommen genau gehe, könne man daraus schließen, daß sie nach einem Plan und nicht durch einen Zufall entstanden sei. Für Paley war das Universum wie eine Uhr, der klare Beweis für einen großen Planer, denn alles im Weltall war so schön und sorgfältig geplant.

Leider dauerte es nicht lange, bis die Opposition ihrerseits angriff: Aus der endlichen und sehr wahrscheinlich unvollkommenen Welt kann man nicht auf einen unendlichen und vollkommenen Schöpfer schließen. Die kalte Hand wissenschaftlicher Tatsachen muß uns aus unseren Phantasieflügen herunterholen. Wenn die eine Waagschale verborgen ist und ein Gewicht von ein paar Gramm auf die eine Seite gelegt wird und diese Seite plötzlich in die Höhe steigt – dann können wir daraus mit Sicherheit schließen, daß sich auf der anderen Seite ein größeres Gewicht als die paar Gramm befindet, aber nicht, daß das größere und unbekannte Gewicht 200 Tonnen beträgt oder ein unendlich schweres Gewicht ist! Es hat vielleicht schon viele frühere Versuche gegeben, ein Universum zu konstruieren, die aber alle fehlgeschlagen sind. Diese Welt besitzt vielleicht einen geringeren Wert, wenn man einen strengeren Wertmaßstab anlegt. Vielleicht ist sie nicht das Werk des einzigen höchsten Gottes, sondern eines sehr viel bescheideneren Gottes, der nur einen Versuch unternommen hat. Mit anderen Worten: Wieder können wir nichts beweisen.

Allerdings kann man mit Sicherheit sagen, daß jedes Universum, wenn es existiert, ausreichend stabil und zusammenhängend sein muß, um bestehen zu bleiben. Es muß Regeln folgen, Gesetzen gehorchen, oder es würde ein Chaos, ein Nicht-Ding. Wie auch immer es entstanden ist, es würde geplant *aussehen*, selbst wenn es nicht geplant wäre.

So war die Kirche mehr oder weniger gezwungen, noch ein anderes Bollwerk aufzugeben: das der Unveränderlichkeit von Gottes Schöpfung. Paleys Überlegung wäre dann richtig, wenn die Umwelt oder die Umgebungen immer die gleichen blieben. Die Naturwissenschaften haben aber gezeigt, daß die Erde sich unaufhörlich verändert, daß sie häufigen Wechseln unterworfen ist – besonders in kleinen örtlichen Bereichen. Wälder können zu Wüsten werden. Warme Gebiete können kälter werden. Meere können von ganz verschiedenen Strömungen beeinflußt werden. Wenn also die Lebewesen einer jeden Umwelt als vollkommene Beispiele für Gottes Geschicklichkeit bei der Herstellung von Dingen, die genau den jeweiligen Bedingungen entsprechen, zu verstehen sind, dann müssen sie sich gewiß ebenfalls verändern, wenn sie diesen Bedingungen weiterhin bestens angepaßt bleiben sollen. Wenn sie sich überhaupt verändern, dann muß das die Idee eines Gottes, der alles ›ein für allemal‹ geschaffen hatte, beeinträchtigen. Anderseits: Wenn sie sich nicht verändern, müßten sie aussterben – das würde gewiß bedeuten, daß Gottes Pläne scheitern, daß sie erfolglos sind; oder daß es gar keinen Gott gibt. Ein Beispiel für diese grausame Wirklichkeit ist die schlichte Pfeffermotte, ein Geschöpf, das in ländlichen Gebieten gelebt hat, bis die Menschen durch den Bau von Städten in seine Umwelt einbrachen. Manche Pfeffermotten waren dunkler als andere. Beide Formen hielten sich vorzugsweise auf den schmutzigen Mauern der Städte auf. Die helleren aber wurden von den Vögeln rasch gesehen und gefressen, die dunkleren überlebten und vermehrten sich. Die natürliche Auslese war am Werk.

Dennoch war die Kirche nicht bereit, die Vorstellung zu akzeptieren, daß der Mensch, das Ebenbild Gottes, nicht mehr war als ein Affe, der von den Bäumen heruntergeklettert war. Eine neue Wissenschaft entstand, die den Ideen der Evolutionstheorie einigen Widerstand entgegenzusetzen schien. Diese neue Wissenschaft war die *Genetik.*

14
Können wir uns genetisch verändern?

Gelehrte, die mit allem Fleiß beweisen wollten, daß entweder Darwin oder die Kirche unrecht hatte, machten sich daran, fossile Überreste auszugraben, in der Hoffnung, die Knochen eines Geschöpfes zu finden, das zwischen Mensch und Affe stünde. Diese Suche dauert noch an, und bisher ist kein solches Verbindungsglied gefunden worden. Es fehlt noch immer. Heute sieht es so aus, als sei die natürliche Auslese, wenn sie wirklich herrscht, ein sehr langsamer Vorgang; und viele Wissenschaftler nehmen an, weder der Mensch noch seine angeblichen Vorfahren hätten lange genug auf diesem Planeten gelebt, daß eine solche Entwicklung hätte stattfinden können.

Die neue Wissenschaft, welche die Veränderungen der Arten untersucht, heißt Genetik. Im Jahre 1677 wurden die menschlichen Spermatozoen ›entdeckt‹ und zum erstenmal untersucht. Ursprünglich wurde angenommen, weil der Leib des Erwachsenen in der vorgeformten Geschlechtszelle enthalten sei, müsse diese nur an Größe zunehmen. Die folgende Generation wäre dann im Sperma des Spermas enthalten, und die darauffolgende wiederum in jenem, und so unendlich weiter. Die gesamte Menschheit wäre dann, wie in der Bibel gesagt wird, schon im ersten Menschen enthalten gewesen.

Am Ende des 19. Jahrhunderts hatte sich diese Vorstellung nicht prinzipiell verändert, aber sie war viel komplizierter geworden. Alle Lebewesen bestehen aus Zellen, jede von ihnen führt ihr eigenes Leben. Als man die Einzelzellen untersuchte, entdeckte man, daß alle Merkmale, die von einem Elternteil an ein Kind weitergegeben werden können, sich in dem Zellkern jeder einzelnen Geschlechtszelle befinden. Weil jeder von uns sein Leben als eine einzelne Zelle in den Körpern von zwei verschiedenen Menschen begonnen hat, müssen alle unsere ererbten Eigenschaften sich in diesen Einzelzellen befunden haben.

Der Zellkern besteht aus *Chromosomen*, die solche Eigenschaften bestimmen wie die: ob man klein oder groß, blond oder braun, blau- oder braunäugig, brav oder heißblütig und so weiter sein wird. Jede einzelne eine Eigenschaft bestimmende Einheit wird ein *Gen* genannt.

Das stärkste Argument gegen Darwins Theorie der natürlichen Auslese lag in der Vorstellung, daß die Lebewesen sich verändern, indem sie sich ihrer Umwelt anpassen. Der Naturforscher Jean-Baptiste Lamarck lehrte, jede Fähigkeit, die jemand in seinem Leben erlernt hatte, könne an die nächste Generation weitergegeben werden. Heute weiß man, daß das nicht der Fall ist. Jede erworbene Fähigkeit – das heißt jede Geschicklichkeit oder neue Einstellung, um das Leben leichter oder bequemer zu machen –, die ein Individuum erworben hat, stirbt auch mit dem Individuum, das sie entwickelt hat. Sie wird genetisch nicht weitergegeben. Mit anderen Worten: Wir können den Genen, mit denen wir geboren sind, nichts hinzufügen. Versuche, bei denen Mäusen Generation für Generation die Schwänze abgeschnitten wurden, weil man sehen wollte, ob einmal Mäuse ohne Schwänze geboren würden, führten zu gar keinen Ergebnissen – und die verschiedenen ethnischen Gemeinschaften, die die Beschneidung ihrer männlichen Angehörigen praktizieren, stehen noch nach Jahrhunderten, seit denen dieser Brauch geübt wird, vor der Notwendigkeit, ihn weiter anzuwenden.

Dennoch erfolgen Veränderungen zwischen einer Generation und der nächsten – nicht nur kleine Anpassungsveränderungen, sondern manchmal ganz sichtbare und sogar beunruhigende. Das könnte zwei Ursachen haben. Entweder ist es eine natürliche Folge der Umgruppierung der Gene, die die Erbanlagen bestimmen, bei jedem neu entstehenden Leben (wie vor einem Spiel die Karten neu gemischt werden), oder es könnte bedeuten, daß die reale Substanz der Erbanlagen in den Chromosomen verändert worden ist. Wenn eine solche Veränderung von einer Generation zur nächsten erfolgt, werden die veränderten Nachkommen *Mutationen* genannt. Wenn zum Beispiel ein Paar schwarzer Krähen ein weißes Junges hat, dann ist das eine Mutation.

Sobald das Interesse an den Mutationen entstanden war, unternahmen die Biologen Versuche mit Genen, um herauszufinden, welche Mutationen sie selbst auslösen konnten. Sie setzten die Gene allen möglichen Einflüssen aus, die vielleicht deren Struktur verändern konnten: Hitze, Kälte, Chemikalien, Gifte, Verstümmelungen und alles, was sie sich nur ausdenken konnten. Zu ihrer Überraschung stellten sie fest, daß sie die Eigenschaften der Gene in keiner Weise zu verändern vermochten. Nichts von allem, was sie unternahmen, veränderte die Gene. Wie aber war es dann möglich, daß Mutationen in der Natur auftraten, wo die klimatischen Bedingungen und Veränderungen der Umwelt keinesfalls so extrem waren wie die Bedingungen, denen die Gene in den Laboratorien ausgesetzt waren?
Schließlich benutzte ein Naturwissenschaftler bei seinen Versuchen mit Genen Röntgenstrahlen, und er erhielt eine ganze Explosion von künstlich verursachten Mutationen. Für diese Entdeckung erhielt Hermann Joseph Muller im Jahre 1946 den Nobelpreis. Aber *wie* konnten die Mutationen in der Natur durch diese besonderen Strahlen erzeugt werden, die es normalerweise nur in gut ausgestatteten Laboratorien gibt? Nach langen Untersuchungen kam man zu dem Schluß, daß Strahlen, die aus den Tiefen des Weltraums kommen, *kosmische* Strahlungen also, Auswirkungen auf das Leben dieses Planeten haben. Sie entstammen mächtigen Energiequellen in der Tiefe des Weltraums und treffen auf die Erde mit der erstaunlichen Quote von einem Teilchen in der Minute pro Quadratzentimeter. Man hat errechnet, daß etwa zwei Millionen kosmischer Teilchen jeden Tag auf den Körper eines Menschen auftreffen. Diese ›Strahlen‹ haben eine viel höhere Frequenz als Röntgenstrahlen. Ein Röntgenstrahl kann eine ein paar Millimeter dicke Bleiplatte durchdringen. Ein Gammastrahl kann tiefer eindringen – mehrere Zentimeter. Aber eine kosmische Strahlung kann fast fünf Meter starke Bleiplatten durchdringen!
Die kosmische Strahlung besitzt eine ungeheure Zerstörungskraft. Sie bewirkt auch Veränderungen in den Lebenszyklen der Erde. Man wird leicht verstehen, daß eine starke kosmische Strahlung, die auf das Keimplasma trifft, krankhafte biologische Variationen und Mutationen auslösen kann und daß das auch die Ursache dafür gewesen sein könnte, daß aus Affen Menschen geworden sind.

Selbst unsere Sonne sendet eine Strahlung von etwa 250 Millionen Tonnen in der Minute aus. Man weiß heute, daß die Sonnenflecken ›Löcher‹ sind, durch die die ultravioletten Strahlen aus dem Sonneninneren dringen – und das hat eine meßbare Wirkung auf unsere Bäume und Ernten. Sie stören unser Radio, die telegraphischen und telephonischen Verbindungen, sie verstärken die Häufigkeit von Magnetstürmen und lösen Phänomene aus wie das Nordlicht, sie vermindern die Geburtsraten kleiner Tiere wie der Kaninchen und Füchse, sie beschleunigen das Wachstum der Fichtenbäume in Kalifornien und Deutschland. Zweifellos sind das nicht die einzigen Wirkungen, es muß noch viele bisher unentdeckte geben.
Wenn schließlich bewiesen wird, daß kosmische Strahlungen Gene beeinflussen *können*, dann könnte das eine Erklärung dafür sein, daß aus einer Tierart eine andere wird, aus einem Affen ein Mensch.
Es gibt mehrere wissenschaftliche Ansichten über die tierischen Vorfahren des Menschen. Die eine nimmt die Abstammung des Menschen von den Menschenaffen an, eine andere vermutet einen gemeinsamen Vorfahren für den Menschen und die Menschenaffen, eine dritte sieht den Vorfahren des Menschen nicht in einem Affen, sondern in dem Koboldmaki – einem katzengroßen Tier mit riesigen Augen, mit einem Gehirn, das dem der niederen Affen verwandt ist, und leistungsfähigen Händen, langen Beinen, einem schmalen Kiefer und einem breiten Schädel.
In jedem Fall aber gibt es Lücken von Millionen von Jahren, aus denen wir kein einziges vollständiges Affenskelett besitzen, geschweige denn das Skelett eines Vorfahren der menschlichen Rasse. Aus dem ganzen Tertiär, vor etwa 60 bis 80 Millionen Jahren, haben wir nur ein paar Knochen und Zähne, die an Stellen gefunden worden sind, die mehrere tausend Kilometer auseinanderliegen. Es ist eigentlich müßig, die uns bekannten fossilen Funde aufzuzählen, denn die Liste veraltet sofort, wenn neue Entdeckungen erfolgen – aber die bisher wichtigsten sind zwei vormenschliche Schädel des Afrika-Menschen *(Australopithecus Transvaalensis)*; dreißig Schädel des Werkzeuge herstellenden Menschen *(Homo habilis)*; zwei Schädel und ein Oberschenkelknochen des Java-Menschen *(Pithecanthropus erectus)*; ein paar Zähne und die Schädeldecke des Peking-Menschen *(Sinanthropus Pekinensis)*, von dem man annimmt,

er sei schon ein wirklicher Mensch gewesen und habe den Gebrauch des Feuers gekannt; der Schädel des Piltdown-Menschen, der sich als Fälschung erwiesen hat; eine Fülle von Überresten des *Homo Neanderthalensis* (eine ausgestorbene Seitenlinie des Menschen); der Cro-Magnon-Mensch, (der die Höhlenmalereien geschaffen hat) und der *Homo sapiens*, der heutige Mensch. Während ich diese Liste zusammenstelle, lese ich, daß mehr als achtzig Hominiden seit dem Jahr 1968 gefunden worden sind, und diese Zahl ist sicher heute schon überholt.

Dagegen besitzen wir für ein anderes Lebewesen, das Pferd, eine fast vollständige Abfolge von Skeletten, die die Entwicklung dieses Tieres von seinen winzigen, primitiven Vorfahren bis hin zu dem prachtvollen Hengst von heute zeigen. Der durch fossile Funde ermöglichte ›Beweis‹ für die Abstammung des Menschen von einem anderen Lebewesen ist also noch weit davon entfernt, uns eine vergleichbare Sicherheit über den Verlauf seiner entwicklungsgeschichtlichen Veränderungen zu vermitteln.

Die Theorie der Mutation ist eine Alternative zu der Vorstellung von Veränderungen als Folge der natürlichen Auslese, gegen die eingewendet wird, daß die Zeit, seit der es Menschen oder Affen gibt, gar nicht lange genug sei, um die angenommenen Veränderungen geschehen zu lassen. Zu ihrem Unglück muß die Theorie zugeben, daß tatsächlich 99 % aller Mutationen nachteilig sind, viele von ihnen sind so schädlich, daß sie zum Tod führen. Viele Nachkommen mit einer Mutation sterben schon bei ihrer Geburt oder kurz danach. Museen des 19. Jahrhunderts besaßen oftmals Sammlungen solcher monströsen Geschöpfe, dreibeinige Enten, Tiere mit einem einzigen Auge in der Mitte des Kopfes, Tiere mit zwei Köpfen und ähnliche Mißbildungen – Lebewesen, denen es gelungen ist, einige Zeit am Leben zu bleiben, indem sie sich auf ihre Mutation einstellten. In einem Londoner Krankenhaus gibt es eine schreckliche Sammlung menschlicher Säuglinge mit seltsamen mutationsbedingten Mißbildungen, keiner von ihnen hat längere Zeit gelebt. Die wohl bekannteste Mutationserscheinung sind die siamesischen Zwillinge, bei denen ein einziger Leib die Grundbestandteile für zwei Menschen enthält. Manchmal können siamesische Zwillinge getrennt werden, aber sehr häufig besitzen sie ein wichtiges Organ gemeinsam, und dann ist es unmöglich, sie zu trennen, ohne zumindest eine Hälfte, häufig aber sogar beide zu töten. Untaugliche Mutationen werden durch die natürliche Auslese rasch ausgemerzt. Ein benachteiligtes Junges (in Farbe, Tarnung, Schnelligkeit oder Wahrnehmungsfähigkeit) wird rasch von einem Feind ergriffen. Aber wenn eine Mutation eine Verbesserung gegenüber den Stammeltern bedeutet, dann haben die Nachkommen eine weitaus höhere Überlebenschance und werden den Sieg davontragen. Ein Raubtier mit einer schärferen Witterung, ein Beutetier, das schneller laufen oder seine Farbe den verschiedenen Umgebungen anpassen kann, ein Affe mit größeren intellektuellen Fähigkeiten?

Francis Galton, ein Vetter Darwins, vermied eine klare Entscheidung in dem Streit zwischen Auslese und Mutation, stellte aber scharfsinnige Überlegungen über die praktischen Konsequenzen dieses neuen Wissens an. Er begriff, daß die Menschen sehr bald eine außerordentliche Macht besitzen würden, nämlich die Fähigkeit, die Zukunft ihrer eigenen Art zu bestimmen. Er nannte dieses Forschungsgebiet *Eugenik* – die bewußte Verbesserung rassischer Eigenschaften künftiger Generationen, und zwar körperlicher und geistiger Eigenschaften.

Unglücklicherweise würde eine so scharfe Auslese zu einer ganz brutalen ›Säuberung‹ unter den Menschen mit Fehlern, Charaktermängeln und Schwächen führen. Wer besäße dann die Autorität, Entscheidungen darüber zu treffen, wie künftige Generationen beschaffen sein sollten? Diese ganze Vorstellung galt als außerordentlich gefährlich und löste eine Flut von Büchern aus, welche die Schrecken schilderten, die eine bewußt gesteuerte Züchtung von Menschen mit sich bringen würde – hirnlose Arbeiter, Menschen, deren Glieder stromlinienförmig sind, damit sie nur bestimmte Arbeiten verrichten können, und so weiter. Hitler hat wirklich solche Versuche anstellen lassen, einige waren kraß gefühllos, viele andere physisch grausam, und nach dem Zweiten Weltkrieg hat diese Idee allen Kredit verloren und wurde offiziell aufgegeben. Aber noch immer gibt es viele Leute, die glauben, es wäre eine gute Sache, wenn man geistig Behinderte oder Menschen mit angeborenen Fehlern oder Erbkrankheiten sterilisierte, damit ihre Mängel nicht weitergegeben werden könnten.

Hier ein Beispiel für dieses Problem: Sicher werden die meisten Mütter nicht die Bluterkrankheit oder andere Krankheiten, die zu Mißbildungen und zu einem qualvollen Tod für ihre Kinder führen, vererben wollen. Aber wie steht es mit der Kurzsichtigkeit? Eine harmlose Behinderung – aber sie wird genetisch übertragen, und sie tendiert dazu, dominant zu sein. Wenn wir kurzsichtige Menschen nicht an der ›Fortpflanzung‹ hindern, ist es nur eine Frage der Zeit, bis die normalsichtigen Menschen aussterben und die Kurzsichtigkeit die Regel sein wird. Wir haben die natürliche Auslese umgangen, die den frühen Tod kurzsichtiger Menschen garantiert hätte, schon bevor sie Gelegenheit zur Fortpflanzung besaßen. Durch die Erfindung der Brillen haben wir in die Natur eingegriffen und uns selbst damit ein Problem aufgeladen, das immer größer werden wird. Das gleiche gilt für manche anderen Bereiche. Unser Wissen hat uns eine Verantwortung auferlegt, von der Tiere nicht geplagt werden. Das ist der Preis für unser Menschsein.

So stehen sich drei Ansichten gegenüber: die alte traditionelle Lehre der Kirche, Darwin und seine Theorie der Anpassung an die Umwelt und die Theorie der Veränderung durch Mutation. Die biblische Theorie im alten, buchstäblich verstandenen Sinn muß aufgegeben werden, aber das heißt nicht, daß der alttestamentliche Bericht bedeutungslos ist. Sein wirklicher Sinn liegt nicht in der wörtlichen Wiedergabe (bei der sich in jedem Fall Widersprüche ergeben), sondern in der Aussage, daß Gott das Universum und alles, was in ihm ist, geschaffen hat, daß er sah, daß alles ›gut‹ war, und daß er den Menschen in eine besondere Beziehung zu ihm selbst versetzt hat. Die päpstliche Enzyklika, die sich mit diesem Problem beschäftigt hat, erklärt, daß der oder die Autoren der Geschichte eine für ihre Zeitgenossen verständliche Sprache benutzt haben, daß die Theorie der Evolution ein sekundäres und kein primäres Problem ist, daß die Bestimmung dessen, was im Schöpfungsbericht ›gut‹ heißt, keine wissenschaftliche Frage ist und daß die besondere Beziehung des Menschen zu Gott nicht davon berührt wird, ob er nun tierische Vorfahren hat oder nicht. (Man könnte immer noch die alte schwierige Frage stellen, an welchem Punkt seiner Entwicklung vom Tier zum Menschen der Mensch seine Seele erhalten hat.)

Dennoch gibt es eine Alternative, die möglicherweise beide biologischen Theorien zusammenfassen kann – und das ist der Begriff des *Behaviorismus*. Schon Lamarck hat diesen Gedanken geäußert, aber seine Konsequenzen nicht vollständig ausgearbeitet – nämlich die Idee, daß Fähigkeiten, die während eines Lebens erworben worden sind, auch an spätere Generationen weitergegeben werden können. Wir haben schon gesehen, daß das genetisch nicht möglich zu sein scheint. – Auch wenn Sie beispielsweise zehn Stunden am Tag üben und ein Konzertpianist werden, wird Ihr Kind kein bißchen leichtfingeriger sein als das nebenan geborene Kind. Aber es besteht eine große Chance, daß es durch die Verhältnisse und das häusliche Vorbild musikalischer werden wird. Man könnte aber auch einwenden, das Kind werde gerade deshalb weniger an Musik interessiert sein, weil es davon zuviel ›in den Hals bekommen‹ habe, oder aus dem natürlichen Widerspruchsgeist gegen seine Eltern. Ein solches Beispiel ist nicht wirklich aussagekräftig, weil es dabei um persönliche Vorlieben oder Abneigungen geht. Wie steht es aber mit den erworbenen Fähigkeiten, die für das Überleben eindeutig vorteilhaft sind?

In diesem Augenblick geschieht in der Natur ein riesiges Experiment direkt vor unseren Augen. Die Versuchstiere sind Vögel – ganz gewöhnliche Vögel – und besonders Blaumeisen. Irgendwo, irgendwann hat eine Blaumeise entdeckt, daß sie die Silberfolie einer Milchflasche aufpicken konnte. Und jetzt sind überall in Europa und sehr wahrscheinlich in noch weiter entfernten Gebieten Vögel dabei, Flaschenverschlüsse zu durchbohren und die Milch zu trinken. Die Idee hat sich wie ein Buschfeuer ausgebreitet. Schon Darwin hatte beobachtet, daß sich die Schnäbel von Finken entsprechend ihrer Ernährungsweise verändert haben – werden wir bald eine Veränderung an den Schnäbeln der Blaumeisen sehen können?

Wenn die zweite Blaumeise, die diesen Trick angewendet hat, dabei die erste *kopiert* hat, muß sie das getan haben, weil sie geglaubt hat, ein solches Handeln sei eine gute Idee. Auf eine grundsätzliche Weise war sie sich dessen bewußt, daß sie einen Erfolg damit habe. Werden diese Vögel ihren Jungen diese Fähigkeit weitergeben? Theoretisch können sie es nicht, aber praktisch spricht alles dafür, daß die Jungen das Verhalten ihrer Eltern kopieren werden. In

diesem Fall würde – anders als die einfache und grundsätzliche natürliche Auslese – die Auslese dann diejenigen begünstigen, deren Verhalten sich ihrer Umwelt sinnvoller angepaßt hätte.
Das bedeutet, daß Bewußtsein und Erziehung wirklich am Vorgang der Evolution beteiligt sind und als Auswahlursache dienen. Unser Bewußtsein führt zu einem bestimmten Verhalten, und unser Verhalten verändert die Zukunft. Welch große Aufgabe liegt damit vor dem Menschen! Es würde hier zu weit führen, wollte man untersuchen, ob Tiere ursprüngliche Ideen haben oder nicht, mit Sicherheit jedoch wissen wir, daß sie nicht viele haben. Der Mensch hat sie.
Galton hat geglaubt, eugenische Maßnahmen könnten die menschliche Rasse verbessern. Heute denken wir ernstlich an eine andere Alternative – wir müssen eine verantwortungsbewußte Entscheidung treffen, um Teil der Macht für das Gute zu werden. Vielleicht ist nach allem der stärkste Antrieb für den Fortschritt der Welt und für die Schaffung besserer Lebensmöglichkeiten die gute altmodische ›Bekehrung‹.

15
Gibt es irgendeinen Beweis für Gott als Planer?

Die Kirche war über den Darwinismus empört, weil er die Wahrheit der Bibel angriff, indem er den Schöpfungsberichten widersprach; er untergrub den Vernunftbeweis für die Existenz Gottes, der aus dem Weltenplan erschlossen wurde, und ersetzte die Idee eines Sündenfalls durch die eines Aufstiegs – man mußte nun wirklich fragen, ob der Mensch sich jemals im Zustand der Sünde befunden habe; damit aber bestritt man die fundamentale theologische Überzeugung des Christentums, daß der Mensch einer Erlösung und eines Genugtuung leistenden Erlösers bedürfe. Der Darwinismus behauptete, wenn sich die höheren Fähigkeiten des Menschen, nämlich seine Fähigkeit, zu denken und zu überlegen, natürlich entwickelt hätten, dann seien sie nicht von allerhöchstem Wert und Bedeutung, der Mensch stehe dann auch nicht in einer besonderen Beziehung zu Gott und sei nicht Gottes Ebenbild. Nur einen Schritt von diesen Ansichten entfernt steht der Atheismus – der Glaube, daß es gar keinen Gott gibt.

Die Evolutionstheorie beruhte auf zwei Voraussetzungen. Die eine war die Annahme, die vielen verschiedenen Arten der Lebewesen seien *nicht* jeweils besonders und einzeln geschaffen, sondern während riesiger Zeiträume verändert, umgestaltet und ›verfeinert‹ worden, die zweite Annahme war, die wichtigsten Mittel für diese Veränderungen, die Ursachen der Auslese, lägen in der Natur selbst – sie seien ein fast zufälliger Vorgang und sicher kein Plan Gottes. Wenn ein Stamm kurzsichtiger Menschen in einem von Treibsand oder von jäh abstürzenden Felsen umgebenen Gebiet lebte, würde es nicht lang dauern, bis die natürliche Auslese diejenigen ›ausgelesen‹ hätte, die durch ihr besseres Sehvermögen überleben könnten – oder diejenigen, die schlau genug wären, sich Mittel zu beschaffen, mit denen sie ihre Benachteiligung überwinden könnten. Das persönliche Verdienst der einzelnen hätte darauf gar keinen Einfluß.

Zu den Beweisen für die Evolutionstheorie gehörten die festgestellten Ähnlichkeiten der heute lebenden Tiere und die allmählichen Strukturveränderungen, die an fossilen Funden sichtbar wurden. Aber bis jetzt hat niemand wirklich den Übergang einer Art in eine andere bewiesen (ausgenommen bei den ganz einfachen Strukturen mancher polyploiden Pflanzen) – obwohl man vielleicht mit den Anpassungen bestimmter Merkmale einer Art rechnen kann, hat man aber niemals den Übergang von einer Tierart zu einer anderen beobachtet. Dennoch haben die ›Ausgräber und Klassifikatoren‹ noch eine Menge Arbeit vor sich – es ist keineswegs unwahrscheinlich, daß fossile ›missing links‹ plötzlich bekannt werden – heute wird der Lungenfisch, eine längst für ausgestorben gehaltene Art, häufig gefangen, seitdem wir wissen, wo man ihn finden kann. Die fehlende Übergangsform zwischen Menschen und Affen ist aber noch nicht entdeckt.

Die meisten Theologen haben sich heute mit einer bestimmten Form der Evolutionstheorie als einer Realität abgefunden, wollen aber den Glauben an Gott als lenkenden Planer nicht aufgeben. Die Evolution mag eine Realität sein, aber könnte nicht auch die Evolution ein Bestandteil von Gottes großem Plan sein? Ist sie blind und zufällig, oder ist sie gelenkt? Bietet sie irgendwelche Anhaltspunkte dafür, daß sie nach einem Plan gelenkt wird, daß sie ihre Antriebskraft von außen erhält?

Die vorliegenden Erkenntnisse scheinen einen Fortschritt zu immer komplexeren Formen, einen immer höheren Grad von Verfeinerung und Spezialisierung sichtbar zu machen. Wenn die Mechanik des Evolutionsprozesses in den genetischen Veränderungen liegt, dann muß der Planer (wenn es einen gibt) seinen Einfluß auf diese Veränderungen, auf die Mutationen ausüben. Weil die meisten Mutationen jedoch nachteilig, wenn nicht sogar tödlich sind, muß Gottes auslesendes Handeln erst nach den Mutationen erfolgen, nicht vor ihnen – und die einzige bekannte auslesende Kraft, für die wir bisher Beweise besitzen, ist die natürliche Auslese. Wir haben keinen Beweis für ein übernatürliches Eingreifen.

Wir suchen nach einem Merkmal des Menschen, das sich möglicherweise *nicht* natürlich aus einem tierischen Ahnen entwickelt hat, nach etwas, was *wirklich* das Eingreifen eines von außen einwirkenden und intelligenten Wesens nahelegt. Was wissen wir vom Wesen des Menschen? Ist er ein geistbegabtes Geschöpf mit einer Seele oder einfach ein sehr geschicktes und hoch organisiertes Tier? Es ist eindeutig, daß er gerade kein Tier ist. Wahrscheinlich sind die beiden auffälligsten nichttierischen Eigenschaften des Menschen seine Fähigkeit zu abstraktem Denken und sein Sinn für Werte. Er kann mathematisch denken, und er hat ein Gewissen. Er besitzt ein Gefühl für logische Harmonie und einen Sinn für das Heilige. Wenn man nachweisen könnte, daß sich rudimentäre Spuren dieser Fähigkeiten schon bei Tieren fänden, dann würde das die Beweiskraft für die vermutete Entwicklung des Menschen von tierischen Ahnen gewaltig verstärken. Jeder, der einen Hund hat, weiß, daß Hunde wirklich Gefühle haben – sie entwickeln Gefühlsbeziehungen, sie zeigen Anhänglichkeit und Schuldgefühle, sie beschützen ihre Herren und so weiter.

Dennoch scheinen bestimmte Dinge außerhalb der Erfahrung von Tieren zu liegen – so etwas wie das Selbstbewußtsein des Menschen, sein freier Wille, sein Sinn für Verantwortung, sein Gefühl für Schönheit und Wahrheit. Wenn man den Ursprung dieser Haltungen entdecken könnte, wäre man der Lösung des Problems einen Schritt näher. Das entscheidende neue Schlachtfeld scheint die Biochemie zu werden – die Erforschung der Drüsen und Hormone und die Hirnchirurgie. Sie hat eindrucksvoll gezeigt, daß Hirnverletzungen die ethische Haltung eines Menschen grundlegend verändern können. Wenn man eine frontale Leukotomie vornimmt, wird ein Patient, der vor der Operation nervös, aufgeregt und aggressiv gewesen ist, fügsam, still und umgänglich. Gleichzeitig werden sein Gefühl für Verantwortung, die Rücksichtnahme auf andere und seine Fähigkeit, die unvermeidlichen Strafen für schlechtes Verhalten einzusehen, beeinträchtigt.

Obwohl die Erkenntnisse, die durch die Leukotomie gewonnen werden, überzeugend klingen, dürfen wir nicht vergessen, daß wir *alle* Angst, Depressionen, Erschöpfung und ähnlichen Zuständen unterworfen sind, die in uns vergleichbare Reaktionen hervorrufen.

Wenn in der Veränderung bestimmter Hirnpartien und in der Anregung verschiedener Drüsen, hormonale Sekrete zu produzieren, alle Antworten auf unsere Charakterprobleme lägen – für unsere Ängste und Abneigungen, für unser Temperament und unsere Haltung, dann wäre noch ein weiterer Zugang zu Gott verschlossen. Aber so einfach ist es nicht. Es trifft zwar zu, daß bestimmte Drüsentätigkeiten besondere physische Merkmale erzeugen und daß sehr oft Menschen mit diesen Merkmalen mürrisch oder gewalttätig oder zurückhaltend sind. Aber es ist ebenso wahr, daß sie vielleicht als Kinder gequält oder verspottet worden sind und gerade die Reaktion darauf ihren Charakter verändert hat. Nicht einmal zwei Menschen sind sich gleich – bei zwei Menschen mit gleichen Symptomen kann der eine Selbstbeherrschung und Heiterkeit und der andere Verzweiflung und Schwermut zeigen. Wenn einige von uns, die keines dieser Drüsensymptome aufweisen, bei einem Versuch so behandelt würden, als wären wir ›anders‹, mit allem, was das bedeutet, dann würden wir wahrscheinlich auf die selbe Art und Weise reagieren, entsprechend dem Charaktertyp, zu dem wir ursprünglich gehörten. Daraus könnte man den Schluß ziehen, daß der körperliche Zustand *nicht* notwendigerweise auch den Charakter bestimmt.
Wir müssen nach Tatsachen suchen, die den Begriff der natürlichen, das heißt der funktionalen Auslese wirklich in Frage stellen. Es gibt einige Argumente, die auf einen Planer hinzuweisen scheinen. Eines liegt, lustig genug, in der Existenz von Organismen, welche die von der funktionalen Evolution geforderten Eigenschaften tatsächlich nicht besitzen. Manche Tiere tragen nichts zu ihrem Überleben bei – können sie dann überhaupt Ergebnis einer natürlichen Auslese sein? Ein Geschöpf wäre sinnlos, wenn es nicht voll ausgebildet wäre, die natürliche Auslese würde es ausmerzen.
Ein unvollkommen ausgebildeter Flügel besäße nur geringen Nutzen für ein Geschöpf, das fliegen müßte, um überleben zu können. Ein unvollkommenes Auge böte niemand einen funktionalen Vorteil. Und was soll man zu komplizierten tierischen Funktionen sagen – zu dem Schützenfisch, der besonders ausgebildete Augen, eine eingebaute Wasserpistole und die Fähigkeit, mit ihr umzugehen, benötigt? Bevor er erst einmal alle drei zusammen besitzt, sind die beiden anderen für ihn von geringem

Nutzen – würde ein solcher Fisch nicht eher aussterben als sich weiter entwickeln?

Und dennoch könnte die Entwicklung von extrem komplizierten Anpassungen auch natürlich erfolgt sein, wenn man sie zu der riesigen Menge fehlender Zwischenglieder rechnet, die selbst funktional gewesen sind. Das Auge ist wohl zunächst als ein lichtempfindliches Instrument entwickelt worden, und das ›moderne‹ Phänomen des Sehvermögens ist wahrscheinlich erst viel später aufgetreten, als die Sensitivität für die Lichtabstufungen schärfer wurde. Und so weiter. Wissenschaftler werden sofort zugeben, daß sie nicht alle Antworten kennen, aber nicht, daß es keine Antworten gibt. Und wenn die Zwischenglieder in sich funktionale Gründe hatten, dann hat man kein Recht, zu ihrer Erklärung ein übernatürliches Eingreifen anzunehmen.

Ein anderes Argument für einen Planer liegt im Wesen der Energie. Normalerweise geht sie von einem Atom im Verlauf seiner verschiedenen Umgestaltungen auf ein anderes über. Das zweite thermodynamische Gesetz besagt, daß der Wärmeverlust ein Vorgang ist, der so lange weitergehen wird, bis alles die gleiche Temperatur besitzt (eine Temperatur, die zu niedrig ist, um Leben zu gestatten), und daß deshalb die Energie allmählich abnehmen und sich zersetzen wird, bis eine Stabilität erreicht ist, nämlich der Zustand am Ende ihres Zerfalls (ein Zustand, der zu stabil ist, um Leben zu gestatten). Wenn aber die Dinge zusammenhalten und komplex werden, ist das kein Hinweis auf einen zielbewußten Einfluß?

Der Paläontologe und Theologe Teilhard de Chardin hat den Begriff ›Involution‹ geprägt. Er hat die Tatsachen der Evolution akzeptiert, nicht aber, daß diese Tatsachen den *Weg* zeigen, auf dem die Dinge geschehen. Die Involution bedeutet einen Fortschritt zu immer größerer Komplexität und zu mehr Bewußtsein. Die entscheidende Frage heißt also: ›Gehen wir irgendwohin?‹ Neun von zehn Biologen würden ›nein‹ sagen – das Leben ist nur ein unaufhörlicher Übergang von einer unwahrscheinlichen Form in eine andere unwahrscheinliche Form. Teilhard jedoch würde diese Frage bejahen – alles scheint zufällig, bis wir die Nervenzentren und die Gehirne der Lebewesen untersuchen.

Dann scheint das ganze Netz zu zerreißen. Wir sehen eine zunehmende ›Zerebralisation‹.

Anstatt bei den Primaten spezialisierte Ausrüstungen zu entwickeln (Hörner, Geweihe oder Raubtierzähne), hat sich die Evolution das Gehirn vorgenommen – und bessere Gehirne bedeuteten riesige Reichweiten und neue Möglichkeiten. Sie bedeuteten den Sprung vom Instinkt zum Denken – und so wird es zum Merkmal einer Art, daß sie sich ›nach innen wendet‹. Der Mensch ist nicht in Hunderte von verschiedenen Arten aufgesplittert – die Menschen sind in eine zusammenhängende und sich vereinigende Bewegung verschmolzen. Nur der Mensch hat die erstaunliche Idee, sich selbst als ein Ganzes zu verstehen – er kann über die ›Menschheit‹ nachdenken und sprechen und für sie arbeiten.

Vor dem Auftreten des Menschen war das Leben gebremst und wurde aufgehalten von der Spezialisierung, zu der es gezwungen war – es wurde unbeweglich und spaltete sich dann in zahlreiche Ausläufer: 98 % aller heute lebenden Wirbeltierfamilien stammen von acht jener Arten ab, die im Mesozoikum gelebt haben. Nur zwei Dutzend von den Zehntausenden der damals lebenden Arten haben überhaupt Nachkommen. Wir kennen die Familie der Katzen, die Familie der Bären und so weiter, und diese Familien werden mit der Zeit immer größer. Für den Menschen gilt das Umgekehrte – gegenwärtig kennen wir Eskimos, Pygmäen, schwarzhäutige, schlitzäugige und blonde Menschen –, aber die Formen der Menschheit passen sich nicht an und werden dadurch zu neuen Arten, sondern sie heiraten untereinander und werden allmählich eine einzige Menschheit.

Seitdem wir die Schwelle zum Denken überschritten haben, befinden wir uns auf einem völlig neuen Gebiet der Evolution, und mit unseren modernen genetischen Kenntnissen haben wir heute die gewaltige Verantwortung für eine menschlich gelenkte Evolution übernommen.

Die natürliche Auslese ist keine schöpferische Kraft – sie ist ein negativer, begrenzender Einfluß, der die Untüchtigen ausmerzt. Sie bringt Verfall und genetischen Tod. Lebewesen, die ihrer Umwelt zu perfekt angepaßt sind, können die neue Situation nicht mehr meistern, wenn ihre Umwelt sich ändert – zum Beispiel brachten die

Eiszeiten den meisten der Riesenechsen den Tod. Die große Mehrheit aller Arten auf der Erde ist längst ausgestorben. Schöpferische Auslese deutet aber anderseits darauf hin, daß Ziele, Pläne und Absichten, die Behinderungen und Unzulänglichkeiten überwinden, alle nur denkbaren Möglichkeiten hervorbringen werden. Der Mensch wird in keiner Eiszeit aussterben – er wird isolierte Häuser, warme Kleidung und elektrisch geheizte Decken haben!

Die Folgen für die Theologie sind gewaltig – statt vor einem fertigen Universum, das von einem göttlichen Mechaniker in den ›Leerlauf‹ versetzt worden ist, stehen wir vor einem unvollendeten Universum, einer Welt, die noch geboren wird und die ständig weiter erprobt wird – ein experimentierendes Universum. Wir haben einen Gott, der in das Wachstum der Welt verwoben ist.

Das deutet darauf hin, daß es hier wirklich einen Plan gibt und daß wir uns auf unserem Weg zu seiner Entdeckung vortasten, aber nicht, daß unser gegenwärtiges Verständnis der Welt uns auch mit Sicherheit den letzten Plan offenbart! Der Plan, so wie wir ihn jetzt erkennen können, weist alle möglichen Fehler und Irrtümer auf. Wenn unsere Evolution aber vorher festgelegt war, wie kann man dann die Existenz von Schmerz und Leid und Bösem erklären? Wenn jedoch der große Plan noch gewaltiger ist, als wir es uns bisher vorgestellt haben – wenn *alle* potentiellen Stadien des Universums in ihm vorgesehen sind, dann wird die Evolution einfach zu einem langsamen und allmählichen, aber freien Prozeß der Entdeckung.

Der persische Dichter Omar Khayyam schrieb die bekannten Zeilen

Ach könntest du, Liebe, dich mit dem Schicksal und mir nur verschwören,
Jammer und Traurigkeit packen, die zu den Dingen gehören,
Würden wir dann nicht in Stücke sie alle zerschlagen,
Und neu gießen, damit sie für unsere Herzen die Fremdheit verlören?

Worauf warten wir noch?

16
Wie ist aus unbelebten Dingen Leben entstanden?

Eine der störendsten Lücken in unseren wissenschaftlichen Kenntnissen ist die fehlende Erklärung dafür, wie die lebendige Materie auf unserem Planeten erschienen ist. Wir nennen diese lebendige Materie ›organisch‹ – und ›tote‹ Chemikalien und Verbindungen werden ›anorganisch‹ genannt. Das Problem ist: Wie konnte plötzlich organisches Leben auf einem toten und unorganischen Planeten auftreten? Eine Theorie vermutet, daß es mit Meteoriten aus dem Weltraum hierhergekommen ist. Spuren von Aminosäuren wurden auf einem Meteoriten entdeckt, der 1969 in Australien aufgeschlagen ist, und 1973 wurden einige höher entwickelte Moleküle auf einem Meteoriten gefunden, der in der Ukraine abgestürzt ist. Das amerikanische Raumunternehmen Apollo 14 hat Gesteinsproben vom Mond zurückgebracht, und Spuren von Aminosäuren haben sich auch auf ihnen gefunden.

Diese Theorie setzt jedoch voraus, daß Leben schon irgendwo im Weltraum existiert, so daß man immer noch vor der Frage steht, woher denn dieses Leben gekommen ist. Sie löst also das Problem nicht, sondern schiebt die gleichen Fragen nur einen Schritt weiter hinaus. Lang liegt die Zeit zurück, als Anaxagoras behauptete, das Leben komme in den Regentropfen, in der Form kleiner Samen, auf die Erde!

Um irgendwie anzufangen, wollen wir die Existenz von Aminosäuren als gegeben annehmen. Was haben sie mit dem Leben zu tun?

Um 1900 wurde durch die ungeheuren Fortschritte der modernen Mikroskope die innere Struktur der lebendigen Körperzellen sichtbar. Man stellte fest, daß die chemische Zusammensetzung der Grundbestandteile der Zellen extrem kompliziert ist. Sie beruht auf einem großen spiralförmigen Molekül, das Desoxyribonukleinsäure genannt wird – bekannter ist sie unter der Bezeichnung DNS. Diese

DNS bestimmt sowohl die Gestalt der Zelle als auch die Art und Weise, wie sie arbeitet und sich reproduziert. Heute können DNS-Moleküle aus verschiedenen Verbindungen von Zucker, Phosphat und einer der vier verschiedenen Stickstoffbasen (Adenin, Thymin, Zytosin und Guanin) hergestellt werden, und als Ergebnis dieser unterschiedlichen Zusammensetzung solcher Stoffe entstehen auch verschiedene Aminosäuren. Das entspricht etwa der ungewöhnlichen Aufgabe, zwei farblose Gase (Wasserstoff und Sauerstoff) miteinander zu verbinden, um eine Flüssigkeit, Wasser nämlich, zu erhalten. Oder zwei geruchlose Gase (Wasserstoff und Methan), um Ammoniak zu erhalten, das ganz schrecklich riecht. Die Aminosäuren sind das Rohmaterial, das für die Herstellung von Proteinen gebraucht wird, und die gesamte Struktur des organischen Lebens hängt von ihnen ab.

Um 1961 entdeckte man, daß die vier Basen der DNS die zwanzig universalen Aminosäuren in Mustern anordnen, welche die Tausende von Proteinen bilden, die die Vielfalt *aller* lebenden Arten bestimmen, einschließlich aller primitiven Formen des Lebens vor Jahrmillionen. Mit anderen Worten: Ein Kätzchen und ein Blumenkohl sind aus dem gleichen Stoff gemacht, der aber jeweils in einer ganz verschiedenen Weise angeordnet ist. Im Jahr 1958 hat Arthur Kornberg die chemische Formel für die DNS gefunden und sie in seinem Laboratorium synthetisiert – von Menschenhand gemachte DNS. Für diese Leistung erhielt er 1959 den Nobelpreis. Nach einer weiteren Verfeinerung dieses Experiments war seine künstlich hergestellte DNS sogar fähig, sich ohne fremde Hilfe zu reproduzieren – Leben, das in einem Reagenzglas entstanden ist.

Diese Grundstoffe, aus denen alle Lebewesen bestehen, sind selbst nicht lebendig. Sie sind rein anorganische Chemikalien. Irgendwo vor langer Zeit haben diese nicht belebten Dinge sich miteinander verbunden und das Phänomen des Lebens geschaffen, eine angenehmere Überraschung als das plötzliche Auftreten des schrecklichen Gestanks, der entsteht, wenn man den geruchlosen Wasserstoff und Methan miteinander verbindet. Dieser Vorgang verdient genauere Betrachtung.

Chemische Stoffe reagieren unter bestimmten Bedingungen aufeinander. Zwei ganz harmlose Stoffe, die friedlich nebeneinanderliegen, werden sich erst dann gegenseitig angreifen, wenn eine äußere Bedingung, ein Katalysator, auf sie einwirkt, es sei denn, die bestehenden atmosphärischen Bedingungen und die Temperatur wären genau diejenigen, bei denen ihre Aktivität in jedem Fall ausgelöst würde.

Man stelle sich die Bedingungen auf der Erde vor, die eben erst ihre Form erhalten hatte. Allmählich kühlten die kochenden Seen geschmolzener Gesteinsmassen ab, und eine primitive Atmosphäre aus Wasserstoff, Methan und Ammoniak sammelte sich über ihnen. Sie war während der ganzen Zeit der Sonnenstrahlung, den kosmischen Strahlen, dem ultravioletten Licht und heftigen elektrischen Stürmen ausgesetzt.

Nun können bestimmte Moleküle durch Hitze oder Strahlung dazu gebracht werden, Energie freizusetzen. Andere aber speichern Energie. Die Theorie nimmt nun an, in den frühesten ›Wassern‹ der Erde hätten sich Moleküle angesammelt und durch entsprechende Katalysatoren aktivierte Moleküle hätten dadurch ihre Zahl vermehrt, daß sie die noch einfacheren Moleküle zerlegten. Im Jahr 1953 hat der Biologe Miller tatsächlich die Entstehung einiger Verbindungen demonstriert, nachdem er ein Gemisch aus Methan, Ammoniak und Kohlendioxyd elektrischen Entladungen ausgesetzt hatte. Er entdeckte auch, daß in einer solchen Atmosphäre durch ultraviolettes Licht, kosmische Strahlen, Röntgenstrahlen und außerordentlich hohe Temperaturen organische Moleküle gebildet wurden.

Nachdem die Moleküle einmal entstanden sind, kann man sich den nächsten Schritt so vorstellen, daß einige von ihnen sich zu langen Ketten (den Polymeren) zusammenschließen und daß dann verschiedene Polymere sich verbinden, um viel größere Einheiten zu bilden.

Einige Verbindungen können ultraviolettes Licht absorbieren, und diese Fähigkeit war vielleicht der Ausgangspunkt für die Photosynthese – die Umwandlung von Licht in Energie. Es gibt Hinweise darauf, daß die Photosynthese schon im Kambrium eingesetzt hat, als der Sauerstoffanteil zum erstenmal ein Prozent der Atmosphäre erreicht hatte – in diesem Fall wäre das Leben auf der Erde wahrscheinlich weniger als 1000 Millionen Jahre alt. Die Photosynthese bedeutet eine gewaltige Zunahme des Sauerstoffs in der Atmosphäre und die Entstehung von etwas, was wir uns als ›Luft‹ vorstellen können. (Die Photosynthese bei Pflanzen ist der Vorgang, bei dem Zucker aus Sonnenlicht, Kohlendioxyd und Wasser aufgebaut wird. Ein Zuckermolekül braucht jeweils sechs Wasser- und Kohlendioxydmoleküle. Bei der Bindung der Energie des Sonnenlichts werden sechs Moleküle des freien Sauerstoffs in die Luft entlassen. Da alle Lebewesen Sauerstoff einatmen, können sie alle nur exstieren, weil es Pflanzen gibt.)

Nachdem durch den Zusammenschluß von Molekülen Polymere von etwa 1000 Atomen entstanden sind, sind sie groß genug, sich selbst erhalten zu können. Wenn eine Verbindung das einmal tun kann, ist sie nicht mehr völlig von der Gnade ihrer Umgebung abhängig. Sie wird nun in der Lage sein, Schäden selbst auszubessern und sich zu reproduzieren. Aber ist sie wirklich lebendig?

Was sind die Merkmale des Lebens? Besteht ein lebendiges Ding aus einem wirbelnden Tanz oder aus einer bestimmten Zahl sich selbst erhaltender Moleküle, die von einer Membran umgeben sind? Die Theorie der biologischen Evolution behauptet, daß lebendige Organismen aus Systemen chemischer Reaktionen entstanden seien, ihre Eigenschaften seien dann Schritt für Schritt durch die natürliche Auslese hinzugefügt worden. Das Leben stammt nach dieser Vorstellung aus dem Chaos und ist nicht in einem besonderen ›Geburtsakt‹ entstanden.

Nur eines ist sicher – auf der Erde haben einmal solche Bedingungen geherrscht, daß kein Leben existieren konnte – und deshalb *muß* das Leben auf der Erde einen Anfang gehabt haben. Und seit dieser Zeit sind alle lebendigen Dinge *nur* aus lebendigen Dingen entstanden. Pasteurs Versuche mit sterilisierten Bodenmischungen scheinen gezeigt zu haben, daß Protoplasma nicht mehr direkt aus anorganischen Substanzen gebildet wird. (Man könnte dagegen einwenden, daß Pasteurs Versuche nichts beweisen, weil die damals benutzte Sterilisationsmethode so brutal war, daß sie nicht nur die lebendigen Keime, sondern auch die ›vorlebendigen‹ Keime zerstört hat, aus denen vielleicht Leben entstanden wäre.) Wie können also Proteine entstehen, wenn es keine lebendigen Zellen gibt? Denn wir wissen, daß nur lebendige Zellen Proteine erzeugen und daß die Zellen selbst aus Proteinen zusammengesetzt sind.

Die kleinsten lebendigen Dinge, die der Mensch entdeckt hat, können nicht einmal mit dem Mikroskop gesehen werden. Man benötigt Elektronenmikroskope, um sie sichtbar zu machen. Es sind die Viren, die noch kleiner als Bakterien und Pilze sind. Man bestreitet heute nicht mehr, daß Bakterien einzellige Pflanzen sind – die sich selbständig bewegen können, sehr aktiv sind und die man unter wissenschaftlich kontrollierten Bedingungen dazu bringen kann, sich zu vermehren. Aber Viren können nicht künstlich zum Wachsen gebracht werden – sie können nur auf einer bereits lebendigen Zelle wachsen und sich vermehren. Es ist seltsam, daß ein so winziges, aber mächtiges Wesen, das eine Unzahl aufsehenerregender Störungen (von der Hühnerpest, den Pocken, der Gürtelrose, Warzen, Mumps, Masern, Grippe, Kinderlähmung, Tollwut, Schweinepest, Maul- und Klauenseuche, bis zu den Krankheiten der Zuckerrüben, Tomaten und Kartoffeln) auslösen kann, sich der genauen Definition entzieht, ob es nun selbst lebendig ist oder nicht. Man kann ein Virus mit einem anorganischen Kristall vergleichen. Wir wissen, daß ein Virus ein Protein mit einem sehr großen Molekül ist und das gewaltige Molekulargewicht von etwa 40 Millionen besitzt. (Das bedeutet, daß ein Virusmolekül 40 Millionen Wasserstoffmolekülen entspricht.) Es kann sich vermehren und mutieren, aber es ist kristallinisch in seiner Struktur, und es reagiert wie ein Kristall. Kristalle sind Moleküle, die dicht nebeneinandersitzen und an die sich andere Moleküle in der Art und Weise anschließen, daß die Anordnung der Moleküle sich in alle Richtungen wiederholt – die Gestalt wird von der jeweiligen chemischen Struktur bestimmt. Viele Wissenschaftler nehmen an, daß Viren wirklich Kristalle und parasitär sind, sie leben ein völlig ›geliehenes‹ Leben und beziehen ihre Lebenssubstanzen von ihren Wirtszellen, in die sie eindringen. Sie scheinen das Glied in der Kette zu sein, das die nichtlebendigen chemischen Stoffe mit den lebendigen Bakterien verbindet.

Die erste und wahrscheinlich bedeutendste Voraussetzung für die Entstehung von Leben ist die Abwesenheit von Leben. Wäre die Erde nicht völlig steril gewesen, dann hätten die schon bestehenden Organismen alle komplexeren organischen Moleküle, die sich zu entwickeln versuchten, völlig zerstört. Zweitens müssen zur gleichen Zeit die richtigen physischen Bedingungen bestanden haben.

Die Moleküle konnten nur bei der richtigen Temperatur, dem richtigen Luftdruck, der richtigen Feuchtigkeit und Beleuchtung ›wachsen‹. Drittens mußten die richtigen chemischen Stoffe zur Verfügung stehen – Methan, Ammoniak, Wasserstoff und Kohlendioxyd. Als nächstes mußte der richtige Katalysator vorhanden sein, etwa eine starke ultraviolette Sonnenstrahlung – aber zur gleichen Zeit mußte es auch einen Abschirmeffekt in der Atmosphäre geben, der verhinderte, daß die neuen Lebensformen sofort verbrannt wurden. Dann bedurfte es noch elektrischer Entladungen und des radioaktiven Zerfalls. Man könnte noch mehr aufzählen, aber damit soll es genug sein.

War es geplant, daß auf unserem Planeten Leben entstanden ist? Wenn es nur ein Zufall war, dann müssen die Karten gut gemischt und gezinkt gewesen sein! Es wäre ein unglaubliches Zusammentreffen, wenn alle diese Bedingungen zur gleichen Zeit zufällig bestanden hätten.

Der französische Philosoph Noüy hat mit statistischen Methoden die Unwahrscheinlichkeit einer zufälligen Entstehung der chemischen Grundbestandteile der lebendigen Organismen errechnet; sie ist so groß, daß diese Vorstellung wissenschaftlich ganz unhaltbar war. Er hat die Wahrscheinlichkeit zu berechnen versucht, daß ein einziges Proteinmolekül, das auch nur 2000 Atome besitzt, zufällig entsteht, und ist zu dem Ergebnis gelangt, daß bei fünfhunderttrillionenfachem ›Mischen‹ in der Sekunde die Zeit für die Bildung eines einzigen solchen Moleküls 10^{242} Billionen Jahre betrüge. Da aber die Erde erst seit etwa 2 Milliarden Jahren existiert, ist das unmöglich.

Zum Unglück für Noüy und seine Bemühungen versucht aber, wie wir gesehen haben, niemand, die zufällige Entstehung eines komplexeren Moleküls zu beweisen, und die Zufälligkeit wird beträchtlich verringert, wenn man sich vergegenwärtigt, daß wir nur mit den chemischen Grundbestandteilen des anfänglichen Proteinmoleküls rechnen müssen.

Die Erde hat 10^{17} Sekunden zur Verfügung gehabt, um Leben zu produzieren. Das Leben ist abhängig von den Proteinmolekülen, jedes einzelne besteht aus einer Verbindung von 21 oder 22 Aminosäuren und hat etwa 100 davon nach strengsten Regeln angeordnet. Man hat geschätzt, daß es dafür etwa 10^{48} Möglichkeiten gibt, und nur eine einzige ist richtig. Wie groß ist die Chance, die eine richtige von 10^{48} in 10^{17} Sekunden herauszufinden?

Natürlich ist es immer möglich, daß die richtige Kombination schon beim erstenmal herauskommt, aber wenn das geschehen ist, können wir dann ernstlich behaupten, das sei purer Zufall gewesen?

Wir können nur zwischen drei Möglichkeiten wählen: Alles ist durch bloßen Zufall entstanden; alles ist unvermeidlich so geschehen, ohne daß irgendein Gott daran beteiligt gewesen ist, einfach nur durch natürliche chemische Reaktionen; oder es war die Absicht einer ordnenden Macht, daß es so geschehen ist. Wenn man darauf besteht, daß es unvermeidlich geschehen ist, dann setzt man eine Menge voraus – und wir stehen wieder vor der Möglichkeit, daß Gott, der Planer von Leben, existiert.

17
Wenn Gott der Schöpfer ist, warum existiert dann das Böse?

Für jeden, der an einen Gott zu glauben versucht, der auf irgendeine Weise für die Welt verantwortlich ist, gibt es zwei sehr ernste Probleme. Die Hauptschwierigkeit liegt darin, daß man annimmt, Gott sei das Höchste an Macht und auch an Gutsein. Wenn Gott das Höchste an Macht ist, muß er fähig sein, alles zu tun, wie kann er aber dann für die Existenz von Schmerz und Leid und Bösem auf dieser Welt verantwortlich sein? Wenn er die Existenz von Leiden und Bösem zuläßt, wie kann er dann gut genannt werden? Wenn Gott aber gut und liebevoll ist und trotzdem Schmerz und Böses existieren, muß das bedeuten, daß er diesbezüglich nichts tun kann und daß er deshalb *nicht* das Höchste an Macht ist.

Für jemand, der den Glauben, daß es einen Gott gibt, ablehnt, ist das selbstverständlich kein Problem. Leiden und Schmerz und Böses gehören dann einfach zu den Dingen, wie sie eben sind – sie brauchen keine Erklärung. Aufs Ganze gesehen, ist die Natur nicht freundlich, sanft und friedlich – sie hat ›blutige Zähne und Klauen‹. Sie ist wild, brutal und gnadenlos und kümmert sich nicht um diejenigen, die sie ausmerzt. Ein Erdrutsch begräbt viele unschuldige Kinder ebenso wie einen Schurken.

Aber für denkende Christen gibt es da bestimmt ein ernstes Problem. Wenn es darauf keine Antwort gibt, haben wir auch kein Recht zu der Behauptung, Gott sei ein höchstes Wesen und Gutsein sei seine prinzipielle Eigenschaft. Und gewiß wirkt die Vorstellung von Gott als dem großen Planer des Universums eher töricht, wenn soviel davon augenscheinlich Flickwerk und Pfuscherei ist.

Bisher haben wir von dem ›Bösen‹ gesprochen, als wüßten wir, was es ist. Wir wollen einen Augenblick innehalten und genauer darüber nachdenken. Welche Art von Dingen ist böse, und von welchem Bösen bitten wir im Vaterunser, daß wir von ihm befreit werden? Es scheint so, als gäbe es zwei Hauptarten des Bösen: das physische Böse oder Leiden, das aus natürlichen Ursachen wie Überschwemmungen, Erdbeben und Krankheiten entsteht, und das moralische Böse, das durch menschliche Bosheit verursacht wird.

Zunächst wollen wir die Unglücksfälle betrachten. Wenn ein betrunkener Autofahrer ein Kind überfährt, das gerade die Straße überquert, macht niemand Gott Vorwürfe. Wir alle können genau sehen, bei wem die Schuld liegt. Wie aber steht es mit der Kohlenhalde, die in Aberfan die Kinder unter sich begraben hat? Wie mit den Hunderten von Menschen, die bei Überschwemmungen ertrinken? Mit den Menschen, die nach langen Dürrezeiten verhungern? Mit den Bewohnern von Pompeji, die getötet wurden, als der Vesuv ausbrach? Können wir von solchen Ereignissen hören und immer noch daran glauben, daß der Planer dieser Welt vollkommen ist? Wenn es einen Gott gibt, warum hat er dann diesen Tragödien nicht Einhalt geboten? Wie können wir daran glauben, daß Gott voller Liebe ist, wenn in den englischen Versicherungsbedingungen solche Unglücksfälle, die bei uns höhere Gewalt genannt werden, ›acts of God‹ heißen? Was für ein kläglicher Gott – der nicht einmal so gütig ist wie ich selbst.

Gott wird so vieles vorgeworfen, und wenn er wirklich die Quelle der Naturgesetze ist, dann ist er in gewissem Sinn auch für unsere Tragödien verantwortlich. Denn wir wissen, daß die Flut immer eine bestimmte Höhe erreichen wird und daß sie sich entsprechend den Gezeiten bewegt. Deshalb werden Menschen, die an tiefliegenden Küsten wohnen, immer von ihr bedroht sein. Wir wissen, daß Feuer verbrennt, sei es nun Papier oder Kohle oder einen menschlichen Leib. Wir wissen, daß Vulkane manchmal ausbrechen, und wir kennen die Erdbebengebiete. Es ist ein kalkuliertes Risiko, wenn wir in Gefahrenzonen bauen wollen! Die Welt der Natur wird uneingeschränkt von Gesetzen beherrscht, von denen wir viele gut kennen. Sie wechseln und verändern sich nicht (glücklicherweise, denn sonst wüßten wir nicht, woran wir sind!). Bewußte Lebewesen wie wir können sich fortbewegen und unvorhersehbar handeln, deshalb werden wir unvermeidlich von Zeit zu Zeit mit unserer Umgebung zusammenstoßen.

Beton ist ein festes Material, der Baustoff für viele große Gebäude.

Es wäre nicht gut für uns, wenn er nicht fest wäre oder wenn Gott ihn plötzlich nicht mehr fest sein ließe, wenn wir einmal von ihm ›bedroht‹ werden. Wenn ich einen Betonbrocken auf meinen Fuß fallen lasse oder mit meinen Zehen gegen ihn stoße, besteht gewiß kein Grund, Gott deswegen Vorwürfe zu machen. Wir wissen, daß menschliche Lungen unter Wasser nicht gut atmen können. Gott kann dieses Gesetz nicht ändern, nur weil wir ins Wasser fallen. Wir wissen, daß es ein Gesetz der Schwerkraft gibt, daß es gefährlich ist, auf einem Grat zu gehen, und so weiter. Es ist kaum verständlich, wenn man seine Kinder auf einen Weg zur Schule schickt, von dem man weiß, daß dort eine Kohlenhalde abrutscht, und Gott dann wegen des Unglücks Vorwürfe macht, besonders noch wenn der Pfarrer und andere verantwortliche Leute in Aberfan diese Gefahr, schon lange bevor die Halde abrutschte, erkannten und versucht haben, die Behörden zu veranlassen, etwas dagegen zu unternehmen. Lieber sollten wir uns den Schmerz im ›Herzen Gottes‹ vorstellen, den er wegen der vergeudeten Leben dieser Kinder empfunden hat.

Wie steht es aber mit dem moralisch Bösen? Unglücklicherweise gelten auch hier die gleichen Kausalgesetze. Wir wissen, daß Napalm tötet – wenn wir Menschen damit bombardieren, welches Recht haben wir dann, Gott deshalb Vorwürfe zu machen? Kugeln töten, betrunkene Autofahrer töten, Leichtsinn in der Industrie tötet, und viele andere Dinge töten. Diese Dinge sind nicht die Schuld Gottes, sondern die des Menschen.

Die meisten Menschen werden zugeben, daß ein Unterschied zwischen den Leiden besteht, die unter bestimmten Bedingungen durch die Naturgesetze verursacht werden, den Leiden, die durch die Dummheit und die Nichtbeachtung dieser Gesetze verursacht werden, und den Leiden, die absichtlich jemandem von einem Menschen oder von Gott zugefügt werden. Weil es absichtlich geschieht, nennen wir es moralisch böse. Wenn der Mensch einen freien Willen besitzt und sich dafür entscheidet, etwas Ungutes zu tun, ist es seine eigene Schuld. Aber wenn Gott sich wirklich um das Kind kümmert, das vergewaltigt oder ermordet wird, oder um die alte Dame, die zusammengeschlagen wird, warum greift er dann nicht ein und hält den schlechten Menschen davon ab, etwas derartiges zu tun? Wenn

er Gott ist, warum rettet er das Kind nicht vor der Kugel, dem tödlichen Unfall oder der lebensgefährlichen Krankheit?
Schön. Aber wie? Wir haben bereits erkannt, daß Gott keine physischen Eigenschaften, etwa Hände, besitzt und nicht plötzlich auf der Szene erscheinen kann. Er kann die Naturgesetze nicht aufheben, denn die Folgen für alle anderen wären zu groß. Bei jeder wunderbaren Errettung (durch nicht-normale Mittel) würden die Naturgesetze mit unvorstellbaren Folgen aufgehoben. Ein einfaches Beispiel genügt – man denke sich Beton, einen hübschen soliden Wolkenkratzer, der aus diesem Material besteht. Ein blindes Kind wird durch ein Geräusch erschreckt und läuft mit voller Wucht gegen das Gebäude. Nun nehme man an, Gott ließe nun das Stück, gegen das das Kind rennt, weich und nachgiebig werden? Schlechte Aussichten für die Leute im achtzehnten Stock! Man nehme einmal an, er würde das Gebäude etwas versetzen? Schlechte Aussichten für die Leute, die in der Nähe stehen! Man nehme an, er befreie den Jungen von dem Einfluß der Schwerkraft? Entweder würde er dann explodieren, oder er würde von diesem Planeten weg in den Weltraum gerissen werden.
Man nehme einmal an, Gott sähe einen Soldaten, der auf einen Gefangenen schießt. Sollte er den Soldaten durch einen Herzanfall oder irgend etwas anderes niederschlagen? Das hieße Böses mit Bösem vergelten – es hieße ebenso schlecht handeln wie der Soldat.
Gott hat zwei Waffen, und beide werden schon eingesetzt. Er benutzt unser Gewissen und unser Schamgefühl; und er benutzt den Einfluß der Menschen, die schon auf seiner Seite stehen. Wir wollen nicht behaupten, das Segnen von Bombern und Kanonenbooten stelle sie ›auf Gottes Seite‹. Gott segnet keine Bomber irgendeiner Armee in irgendeinem Krieg. Jeder Mensch empfindet, daß es lächerlich ist, wenn zwei feindliche Priester in zwei einander gegenüberstehenden Heeren denselben Gott um den Sieg anflehen. In Wirklichkeit ist es auch nicht das, was die Priester tun. Wenn ein Schiff und ›alle, die auf ihm segeln‹, gesegnet werden, bedeutet das gewiß nicht, daß der Priester hofft, sie würden sich auf ihre Feinde stürzen und sie in Stücke hacken. Das würde bedeuten, daß die Priester Gottes die Genfer Konvention verletzen! Erhofft wird viel-

mehr, daß die Soldaten und Matrosen sich ehrenhaft mit Mut, Anstand und Selbstbeherrschung verhalten werden. Und es ist nicht besonders sinnvoll, wenn Atheisten darauf hinweisen, wie schrecklich sich manche dieser ›gesegneten‹ Leute benehmen – weil nämlich eine Segnung nicht schon automatisch bedeutet, daß sie empfangen worden ist. Ohne Zweifel waren viele dieser Segnungen völlig bedeutungslos, wenn man sich überhaupt die Mühe gemacht hat, sie anzuhören. Die Kirche hat sich solche Vorwürfe selbst zuzuschreiben, weil sie bei ihren Gebeten keine Unterschiede gemacht hat, anstatt sich auf das Gebet für den Erfolg derjenigen Menschen zu beschränken, die es auch verdienen.

Wenn auch der Krieg ein Tribut an ein schreckliches und bedrückendes Böses ist, ist es doch nur zu menschlich, auf den Sieg und auch noch auf ein bißchen Hilfe ›von oben‹ zu hoffen. Die Bibel ist voll von Berichten über geschlagene hebräische Armeen, die verspottet werden, weil ihr Gott sie nicht aus ihrer mißlichen Lage errettet hat. Eine der berühmtesten Geschichten der Bibel handelt von Gottes bedeutendstem ›Krieger‹, von Jesus selbst, der von lachenden Feinden umgeben war, als er starb. Gott griff nicht ein, um ihn zu retten.

Gerade weil die Unterdrücker Jesu gewonnen hatten, nahmen sie an, sie seien diejenigen, die Gott gesegnet habe – zudem waren sie alle fromm und verehrten Gott in der herkömmlichen Weise! Gott aber hatte den einen gesegnet, der seine Macht zurückzuschlagen nicht nutzte, der selbst noch in den Augenblicken der Folter und des Todes betete, Gott möge ihnen ihre Taten vergeben. Sie wußten nicht, was sie taten. Und darum sehen die Christen das Kreuz als großen Sieg und nicht als Niederlage. Der Kampf Jesu galt nicht diesen Menschen, sondern den Mächten des Bösen – und er weigerte sich, Böses mit Bösem zu bekämpfen.

Es gibt ein Sprichwort ›Lieber ein lebendiger Feigling als ein toter Held‹. Es ist das Gegenteil der alten griechischen Soldatenregel – ›Komm zurück mit deinem Schild oder auf ihm‹ (entweder siegreich oder tot). Halten Sie den ersten Satz für richtig? Jeder einzelne muß mit sich selbst ausmachen, welche Wahl er in einer bestimmten Situation trifft. Wenn Sie vor der Wahl stünden, sich selbst oder Ihr Kind zu retten, was würden Sie wählen? Vor der Wahl, unschuldige

Menschen in eine Gaskammer zu treiben oder erschossen zu werden? Für Gott leben bedeutet, daß man in jeder Situation die Wahl treffen muß, deren man sich nicht zu schämen braucht. Die Menschen lernen es zwar, mit einem Gewissen zu leben, das sie beunruhigt, aber meistens leiden sie darunter irgendwie in ihrem Leben. Daß wir uns sicher sind, ein Gewissen zu haben, führt uns viel näher an die Entdeckung Gottes als alle unsere wissenschaftlichen Argumente.

Deshalb versucht Gott, die Dinge zu beeinflussen, er benutzt dazu unser Gewissen oder das Schamgefühl, das wir empfinden würden, wenn unsere Handlungen Menschen bekannt würden, deren eigenes Gewissen sauber ist. Reichen diese Methoden aus? Wäre nicht ein etwas drastischeres Mittel wirksamer? Wir wollen sehen. Auf welche Weise könnte Gott Sie daran hindern, etwas aus einem Geschäft zu stehlen, oder einen Soldaten daran, einen Kriegsgefangenen zu erschießen? Sollte er dieses fehlerhafte Universum zerstören und ein neues errichten, in dem die menschliche Natur nicht mehr so unerfreulich ist wie jetzt? Sollte er den Menschen gegen Versuchungen ganz immun und zu einem harmlosen Automaten machen? Sollte er einen Menschen entmaterialisieren, wenn er im Begriff steht, etwas Gefährliches oder Asoziales zu tun? Das sind die Alternativen zu dem System, in dem wir gegenwärtig leben. Manche werden vielleicht denken, die letztere Alternative höre sich ganz vernünftig an, aber sie gleicht ein wenig der Frage, ob die Polizei bewaffnet sein soll oder nicht. Die Furcht vor der Gewalttätigkeit macht die Menschen gewalttätig. Würden Sie die sofortige Entmaterialisierung eines Missetäters für richtig halten, wenn er Ihr eigener Sohn wäre oder einer Ihrer Familienangehörigen? Würden Sie dann nicht darum bitten, daß ihnen noch einmal eine Chance gegeben würde?

Jesus hat einmal eine Geschichte von einem Bauern erzählt, der seinen Acker bestellt hatte und später sehen mußte, daß das Feld von giftigem Unkraut übersät war. Der Bauer wußte, daß das Unkraut dort wuchs, aber er entschloß sich, es bis zu der Erntezeit stehen zu lassen, weil beim Ausreißen des Unkrauts auch seine Ernte beschädigt würde.

An dieser Stelle betritt der Teufel die Szene. In dem Gleichnis von dem Weizen und den Dornen wird dem Teufel die Schuld an der

Existenz des Bösen gegeben – er ist eine Ursache des Bösen und der Zerstörung, als Gegensatz zu Gott, der die Ursache des Guten und des Fortschritts ist. Natürlich ist die Vorstellung eines Herrn mit Hörnern und einem Schwanz ebenso wenig wahr wie die vom himmlischen Weihnachtsmann. Dennoch aber könnte ein Ursprung des Bösen das gleiche Existenzrecht besitzen wie ein Ursprung des Guten, und wirklich verstehen die meisten Weltreligionen das Leben als einen unaufhörlichen Kampf zwischen zwei entgegengesetzten Prinzipien, deren eines ohne das andere nicht bestehen kann. Für den persischen Zoroastrismus etwa ist das Leben ein Krieg zwischen den Mächten des Lichts und den Mächten der Finsternis. Im Buddhismus kann das Rad der Wiedergeburt den Menschen entweder aufwärts zum absoluten Guten führen oder abwärts zum absoluten Bösen zurückfallen lassen.

Es gibt drei grundsätzliche Möglichkeiten, den Ursprung des Bösen zu verstehen. Die erste ist die Annahme, es gebe ein ›Tor‹ an zwei Seiten des Spielfelds und das Leben sei wie ein Fußballspiel, das dazwischen stattfindet. Dann gibt es in Wirklichkeit auch zwei ›Götter‹, und die Religion wird *dualistisch* genannt (wie der Zoroastrismus). Die zweite Möglichkeit geht wie die Buddhisten davon aus, alles sei *eins*, die ganze Stufenleiter vom schlimmsten Bösen bis zum höchsten Guten sei eine einzige Einheit – die ganze Schöpfung sei ein Ganzes. Eine solche Religion wird *Monismus* genannt (Gott ist in allen Dingen). Die dritte Möglichkeit ist die christliche: Das Böse existiert sicher, und es liegt sicher mit dem Guten im Streit, aber am Ende vermag das Gute immer, das Böse zu überwinden. Gott ist nach der Definition die höchste Macht, und der Teufel, wenn es einen gibt, ist gewiß nicht Gott selbst, er ist auch keine gottgleiche Macht. Das Geheimnis des Erfolgs liegt nicht darin, das Böse mit dem Bösen zu bekämpfen, sondern es durch das Gute zu überwinden.

Einige Menschen haben beweisen wollen, das Böse und der Schmerz seien nur Einbildungen, sie existierten nicht wirklich und man brauche sie nur in seinem Geist zu besiegen, um sie loszuwerden. Das mag für viele unserer Übel gelten, weil die reale physische Existenz physischer Schmerzen und Übel, die eine Folge unserer unmoralischen Entscheidungen ist, sicher ihren Ursprung in unserem eigenen intellektuellen System hat, – aber auch dann noch würden wir hilflos vor Erdbeben und Mördern stehen.

Andere wiederum behaupten, nachdem Gott das materielle Universum geschaffen habe, sei er seinen eigenen Gesetzen unterworfen, die den Lauf des Weltalls bestimmen. Das gilt sicher für Unglücksfälle und Katastrophen, aber es besagt nichts über die Verantwortung für das moralisch Böse. (Ein altes Gedankenspiel ist die Frage, ob ein allmächtiger Gott einen Felsen erschaffen kann, der so schwer ist, daß er ihn nicht hochheben kann!)

Das Problem bleibt ungelöst, und so sind wir aufgerufen, unsere eigenen Entscheidungen zu treffen. Möglicherweise wird sich herausstellen, daß das Böse wichtig und notwendig ist, weil aus ihm vielleicht das Gute entsteht. Man kann kein Ding gut nennen, wenn es nicht etwas weniger Gutes gibt, mit dem es verglichen werden kann. Man kann nicht von den Tugenden der Sympathie, des Heldenmuts, der Freundlichkeit oder einem großen Einfühlungsvermögen sprechen, wenn es keine Situationen gibt, in denen diese Tugenden gefordert werden. Vielleicht ist das Böse einfach der Preis, den wir für unsere physische Existenz und für unsere Fähigkeit, eine Wahl treffen zu können, bezahlen müssen.

18
Sind wir durch unsere Erbanlagen bestimmt oder besitzen wir einen freien Willen?

Wir haben in den vorangegangenen Kapiteln davon gesprochen, daß der Mensch ein Gewissen hat. Der Besitz eines Gewissens muß bedeuten, daß wir von Zeit zu Zeit vor eine Wahl zwischen Handlungen gestellt werden und daß die eine Handlung uns mehr Achtung vor uns selbst und vor anderen einbringt als die entgegengesetzte Handlung. Normalerweise sind die Gelegenheiten, bei denen sich in uns das Gewissen regt, die Möglichkeiten, in denen wir entweder etwas wählen können, das uns selbst gefällt, oder aber andere Menschen uns selbst vorziehen können. Wenn wir uns selbst vorziehen, obwohl wir wissen, daß wir nicht so handeln sollten, dann quält uns unser Gewissen. Wir schämen uns.

Die Frage, ob wir ein Gewissen haben oder nicht, führt uns zu einem anderen schwierigen Problem – der Frage, ob unser Wille so frei ist, daß wir unsere eigenen Entscheidungen treffen können oder ob unser ganzes Leben und alle unsere Entscheidungen schon vorherbestimmt sind. Determinismus heißt die Annahme, daß jedes einzelne Ergebnis eine Ursache hat und daß jedes Ereignis allein von seinen Ursachen bestimmt ist. Das ist die Grundlage der Naturwissenschaften – unsere Welt ist geordnet, sie folgt Gesetzen; und deshalb können wir die Gründe dafür entdecken, Erklärungen geben und Vorhersagen über künftige Ereignisse treffen.

Aber gilt das auch für den Menschen? Sind wir ganz und gar beherrscht von einer Folge immer gleicher Regeln? Angenommen, wir besäßen alle Informationen über einen bestimmten Charakter, über alle Erbanlagen, die er von seinen Eltern hat, über alle Einflüsse, die auf ihn zu Hause und bei seiner Ausbildung eingewirkt haben – könnten wir dann genau vorhersagen, wie er in einer bestimmten Situation handeln wird? Könnten wir wissen, was er in einer Krise

als nächstes tun wird? Könnten wir aus diesen Informationen vorhersagen, welchen Charakter ein Kind als Erwachsener haben wird?
Ein Mensch, der glaubt, eine solche Vorhersage sei möglich, wird ein *Materialist* genannt. Manche Leute gehen aber noch weiter und nehmen an, alle unsere zukünftigen Handlungen seien bereits in uns angelegt und nichts, was wir in unserem Leben tun, könne unser Schicksal verändern. Diese Menschen werden *Fatalisten* genannt. Mit anderen Worten: Sie glauben, menschliches Handeln sei nicht frei, sondern werde durch alle möglichen Motive bestimmt, die auf den Willen einwirken. Deshalb könnten wir keinen freien Willen besitzen, um so zu handeln, wie wir handeln wollen. Was immer wir auch wählen, es wird durch die Persönlichkeit, die wir sind, bestimmt sein.
Wir haben schon gesehen, daß unsere Persönlichkeit bis zu einem gewissen Grad tatsächlich von unserem physischen Körper und unseren angeborenen Charaktereigenschaften abhängig ist, aber sind wir wirklich nur Roboter? Nicht alle Menschen reagieren in der gleichen Weise auf Probleme. Manche von uns sind sehr viel selbstloser, großzügiger, teilnahmsvoller, hilfsbereiter und fähiger, mit anderen Menschen auszukommen. Wir müssen nicht sein. Wir werden mit der Fähigkeit geboren, bestimmte Dinge zu tun, aber es liegt ganz bei uns, ob wir diese Fähigkeiten nutzen.
Wir sind keine Roboter. Nehmen wir einmal an, wir sähen auf der Straße eine alte Dame, die schwere Pakete schleppt. Es gibt nun verschiedene Möglichkeiten für uns. Wir können zu ihr gehen und ihr helfen; sie zusammenschlagen und ihre Pakete stehlen; sie einfach übersehen; Schimpfworte rufen und weglaufen. Wie würden die meisten Leute handeln? Und wie sollte ein Christ handeln? (Oder mit anderen Worten: Wie sollten wir eigentlich handeln?) Solche Überlegungen beleidigen Christen und Nichtchristen oft gleichermaßen. Ein Christ wird vielleicht sagen, daß die Hilfe für alte Damen nicht alles ist, worum es beim Christentum geht. Ein Atheist wird vielleicht sagen, daß er regelmäßig alten Damen helfe und trotzdem keinerlei Absicht habe, ein Christ zu werden. Beide haben recht – aber beide, hoffe ich, werden darin übereinstimmen, daß jemand, der die alte Dame in einer der anderen oben erwähnten

Weisen behandeln würde, damit gewiß beweise, daß er kein Christ ist. Ich denke, man wird mir zustimmen, wenn ich sage, Christsein bedeutet, daß man das tut, was man eigentlich tun soll, und was man eigentlich tun soll, ist jedem Menschen, der denselben kulturellen Hintergrund hat und im vollen Besitz seiner geistigen Fähigkeiten ist, recht leicht erkennbar.

Aber angenommen, wir sind nicht im vollen Besitz dieser Fähigkeiten? Wir wissen, daß wir anderen Leuten nicht die Zunge herausstrecken, alte Damen nicht zusammenschlagen, nicht stehlen, morden oder die Schule anstecken sollen. Aber wir würden einen Geisteskranken für solche Dinge nicht ins Gefängnis bringen, selbst nicht für einen Totschlag. Wir würden sagen, daß er für seine Handlungen nicht verantwortlich war, daß er nicht anders konnte, daß er nicht wußte, was er tat – und würden ihn in ein Krankenhaus bringen und uns um ihn kümmern. Ein Determinist behauptet, das gleiche gelte für uns alle – wir begehen unsere ›Sünden‹, weil unser geistiges Gleichgewicht gestört ist. Wir sind nicht verantwortlich – unsere Anlagen und unsere Erziehung sind daran schuld. Und mit dem gleichen Argument kann man uns auch nicht für unsere freundlicheren Seiten loben. Die Heiligen sind dann nichts Besonderes – sie können gar nicht anders als gut sein. Es liegt einfach in ihrer Natur.

Wenn wir nicht anders können, als uns gegenseitig die üblen Dinge anzutun, die wir uns manchmal zufügen – wenn das unsere Naturanlage ist – kann man uns dann wirklich noch deshalb Vorwürfe machen, daß wir so handeln? Wenn *wir* nicht dafür zu tadeln sind – wer ist es dann? Und warum sollten wir uns schuldig fühlen? Wir stehen schon wieder vor dem Problem des Bösen. Indes, viele glauben, daß die Deterministen eine ganze Menge als selbstverständlich voraussetzen, wenn sie annehmen, es gebe nichts, für das wir uns in unserem Leben verantwortlich sind. Sie würden dagegen einwenden, der Versuch, sich zurückzulehnen und das Leben laufen zu lassen, wie es eben läuft, sei ein aussichtsloses Unterfangen. Niemand kann in irgendeiner Weise statisch bleiben. Von uns allen wird ein Fortschritt erwartet, schon von dem neugeborenen Säugling – auch wenn kein Fortschritt erfolgt, bleiben die Begabungen und Fähigkeiten eines Menschen dennoch nicht statisch, weil alle anderen sich verändern und verbessern – so daß der ›Überflieger‹ zurückbleibt. Man kann mit zwölf Jahren der beste seiner Klasse sein, aber wenn man dann zu lernen aufhört, wird man sich bald am unteren Ende der Klasse befinden.

In einem seiner berühmtesten Gleichnisse weist Jesus ganz ausdrücklich darauf hin, daß Gott ›ein harter Arbeitgeber‹ ist und mehr zurückerwartet, als er gegeben hat. Was wir in diesem Leben besitzen, sind unsere Entwicklungsmöglichkeiten. Wir haben Fähigkeiten, Entwicklungsmöglichkeiten – wir können uns Ziele setzen und vorwärtsgehen – oder wir können alles hinwerfen. Niemand kann uns die Entscheidung abnehmen – wir müssen eine Wahl treffen. Was sind unsere Motive, und wohin führen unsere Handlungen?

Immanuel Kant ging bei seinem Versuch, die Existenz Gottes zu beweisen, von der Idee aus, wir besäßen ein Pflichtbewußtsein und ein Gewissen, und bemühte sich herauszufinden, warum wir anderen etwas Gutes tun. Unsere normalen Gründe scheinen zu sein, daß wir geliebt und geschätzt werden wollen; wir freuen uns über Lob und Dank, wir fühlen uns unbehaglich in der Gesellschaft von Menschen, die leiden, wir können die Schreie der Menschheit nicht ertragen. Aber wir müssen bei dieser Begründung vorsichtig sein. Wenn man aus diesen Motiven etwas Gutes tut, hat das überhaupt nichts mit Gott zu tun. Es sind in der Tat determinierte Motive, bereits angelegt in unserem physischen Charakter. Jesus hat gesagt, wenn man Dinge deshalb tut, weil man möchte, daß von einem gut gedacht wird, dann wird man gewiß seinen Lohn dafür erhalten, aber man wird dadurch nicht näher zu Gott gebracht werden.

Um Gott nahe zu kommen, müssen wir unseren Geist in seine Richtung wenden und aufhören, an uns selbst zu denken – was uns gefällt, was unser unbehagliches Gefühl beendet oder uns verlegen macht. Das Gutsein, das uns auf den Weg zu ihm führt, ist nichts, was um uns selbst kreist, sondern eher etwas, was von uns ausstrahlt und sich von uns entfernt. Unsere wirklichen Beweggründe, das Gute zu tun, sollten sein, weil wir lieben, weil wir es eigentlich tun sollen. Es ist unsere Pflicht. Die wirkliche Liebe zeigt sich oft darin, daß wir unsere Pflicht tun, auch wenn wir es nicht wollen, gelegentlich sogar, wenn wir die Menschen, denen wir mit Liebe begegnen, gar nicht mögen.

Zu glauben, wir sollten bestimmte Dinge eigentlich tun, ist sinnlos, wenn wir sie tatsächlich gar nicht tun können. Mein Gefühl, ich hätte eigentlich Tante Anna vor dem Ertrinken retten sollen, ist sinnlos, wenn ich gar nicht gewußt habe, daß sie ertrinkt; oder wenn sie im Indischen Ozean ertrinkt und ich in Düsseldorf bin; oder wenn ich nicht schwimmen kann; oder wenn ich gerade im Krankenhaus liege und bewußtlos bin; oder wenn ich im Gefängnis bin und man mich nicht entläßt. Sollen setzt Können voraus. Wenn ich eigentlich etwas tun soll, dann bedeutet das, daß ich es tun könnte, wenn ich wollte, und ich sollte es dann auch tun, ob ich es nun gewollt habe oder nicht.

Wenn es bestimmte Dinge gibt, die ich tun oder nicht tun soll, ob ich sie nun will oder nicht, dann muß es eine Quelle für das Gesetz geben, das mir sagt, was ich tun soll. Wer sagt es? Kant hat behauptet, weil bestimmte Empfindungen von Pflicht allgemein verbreitet seien, scheine die Annahme vernunftgemäß, daß Gott so spreche. Unglücklicherweise ist es aber schwierig, ein überall geltendes Bewußtsein von Recht und Unrecht nachzuweisen, weil die moralischen Auffassungen eines Volkes oder eines Stammes denen eines anderen häufig zu widersprechen scheinen. Wir etwa halten es für gut, Gnade walten zu lassen. Ein Kopfjäger auf Borneo wird Gnade vielleicht als Schwäche empfinden. Unsere Maßstäbe sind verschieden.

Selbst wenn jemand nicht an einen Gott glaubt, der verschiedene Gebote und Verhaltensvorschriften für unser Leben gegeben hat, kann er sicher den Wunsch empfinden, für das höchste Ziel der Menschlichkeit zu leben – sich dafür einzusetzen, daß die Erde ein angenehmerer Platz wird, als sie es augenblicklich ist. Es gibt eine einzige Regel, die für jeden Menschen gilt – und sie heißt, daß wir alle Menschen immer so behandeln sollen, wie wir wollen, daß sie uns behandeln. Das ist eine allgemeingültige Wahrheit, und sie ist das Fundament aller Religionen. Jesus hat sie so formuliert: »Alles, wovon ihr wollt, daß es euch die Menschen tun, das sollt auch ihr ihnen tun« (Mt 7,12).

Diese Regel gilt für alle Länder und Gesellschaftsordnungen, ist aber nicht speziell religiöser Art. Geht es hier aber nicht um mehr? Es gab einmal einen reichen jungen Mann, der sein ganzes Leben die Dinge getan hatte, die er tun sollte, der sich um andere gekümmert und sich sehr darum bemüht hat, Gott wohlgefällig zu sein. Er begegnete Jesus und fragte ihn, was er tun müsse, um »das ewige Leben zu erben«? Jesus antwortete: »Gib alles weg, was du hast, und folge mir nach« (Mk 10,17–22). Der junge Mann konnte das nicht. Er ging weg und ließ Jesus betrübt zurück. Ich habe mich oft gefragt, ob der junge Mann später noch einmal seinen Sinn geändert hat und zu Jesus gekommen ist.

Das absolute Gebot, daß wir uns selbst wegschenken müssen, ist Fundament aller Religionen. Praktisch bedeutet es, daß wir uns selbst verleugnen müssen, um die Dinge zu tun, die wir tun sollen. Aber es gibt noch höhere Bereiche. Die Hindus sprechen von den drei Wegen zu Gott – dem Weg der guten Werke, dem Weg des Glaubens und dem Weg des Wissens. Sie wissen, was auch die Christen wissen sollten, daß nicht jeder Mensch hervorragend begabt ist – manche Menschen sind sehr viel intelligenter als andere! Weil wir mit unserer Begabung geboren sind, kann man uns kaum deshalb Vorwürfe machen, daß wir nicht besonders intelligent sind. Sollen setzt Können voraus. Man kann mir keine Vorwürfe machen, daß ich durch ein Examen falle, wenn ich nie einer der besseren Schüler gewesen bin.

Aber man kann mir Vorwürfe machen, daß ich durchgefallen bin, wenn ich faul gewesen bin. Gott gibt keine Noten wie ein Lehrer. Seine wichtigste Note gilt dem *Bemühen*, und selbst ein Schüler mit einer Fünf in Begabung kann einen anderen mit einer Eins darin übertreffen. Eine Leistung ist eine Mischung aus Anstrengung und Handeln. Es kann leicht geschehen, daß ein Christ, der durch seine Begabung an der Spitze steht, nach seinen Anstrengungen am Ende steht! Man kommt in das Himmelreich nicht durch seinen Intelligenzquotienten, sondern durch das, was man aus dem macht, was man erhalten hat. Ein Christ, der wirklich intelligent ist, wird nur dann in den Augen Gottes ›gute Noten‹ bekommen, wenn seine Bemühungen ebenso intensiv sind wie die seiner weniger begabten Brüder. Ich weiß nicht, wer oder was letztlich an der Existenz des Bösen schuld ist, aber ich weiß gewiß, wer schuld ist, wenn ich mich nicht aufmache und etwas verändere.

19
Ist Religion für uns von Bedeutung?

Der alte Kampf geht weiter. Geist gegen Materialismus. Und wir wollen uns nicht vormachen, das bedeute: Gott gegen das Fernsehen. Manchmal sind die Fernsehprogramme weit besser, interessanter und gelegentlich sogar spiritueller und religiöser als manche Gottesdienste. Wir brauchen eine interessantere und eine spirituellere Kirche. Man frage nur einmal einen jungen Menschen, der in der Kirche gewesen ist, warum es ihm nicht gefallen hat, und der Grund wird meistens nicht sein, daß es altmodisch und ohne Pfiff war, sondern daß dort keine ›Atmosphäre‹ war. Es wirkte unwahr und schien Zeitverschwendung. Die jungen Leute haben nicht das Gefühl, daß der Pfarrer oder die Gemeinde *zu* jemand beteten, daß es dabei überhaupt um einen Gott ging. Die Gebete wurden einfach aufgesagt, sie kamen ihnen ganz mechanisch vor. Die Gemeinde war nicht von Ehrfurcht oder mystischer Freude erfüllt, sie strahlte kein Gefühl der Verbundenheit aus, sie zitterte nicht vor der Majestät Gottes, obwohl sie in ihren Liedern (manchmal nach recht einfältigen Melodien) oft sagte, sie zittere vor ihm. Wenn Gott überhaupt anwesend war, schien ihn niemand zu bemerken. Kleinere Sektenkirchen schneiden in der Meinung junger Leute ein wenig besser ab als die älteren Kirchen – wenigstens ist ihr Enthusiasmus sichtbarer.

Wenn ein junger Mensch durch die Evangelien, die Apostelgeschichte und die Briefe des heiligen Paulus mit dem Christentum bekannt wird, dann wird er die Erregung, das Drängen und die Freude spüren, die sich dort ausdrücken. Aber wenn er in irgendeine Kirche geht und dort den Gottesdienst besucht – wohin ist das dann alles gekommen?

Dennoch ist diese Kritik nicht wirklich fair. Die Kirche erhebt nicht den Anspruch, nur aus Heiligen zu bestehen. Oft zeigen die Menschen auf ihren Gesichtern nicht ihre persönlichsten Gedanken und Empfindungen (ich erinnere mich daran, daß man mir einmal gesagt hat, ich habe bei einem Gottesdienst so gelangweilt ausgesehen, obwohl ich ganz versunken war!). Oft suchen die Mitglieder einer Gemeinde nach einer Gelegenheit, einander Gutes zu tun, die Erfahrung des Geistes zu machen – sind aber normale, mit ihren eigenen Angelegenheiten beschäftigte Bürger, die nicht auffallen oder sich vordrängen möchten. Die meisten Pfarrer sind keine Schauspieler oder Redner, die eine Vorstellung geben können, sondern einfach ernste Gläubige, die ihr Bestes tun.

Vielen Kirchen scheint aber wirklich etwas sehr Wichtiges zu fehlen, etwas, was geändert werden muß: die Kraft und das Vertrauen und die Fülle des Geistes.

Es gibt noch einen anderen Weg zu Gott – den Weg des Apostels. Alles, was wir bisher bedacht haben, hat uns in die Rolle der Jünger Gottes versetzt – wir lernen und suchen. Angenommen, wir haben in unseren Herzen Gott geantwortet. Wenn wir das getan haben, werden wir wahrscheinlich die Wahrheit des Wortes: »Nicht ihr habt mich erwählt, sondern ich habe euch erwählt«, erfahren haben. Was geschieht danach? Danach, sagt Jesus, mußt du »dein Kreuz aufnehmen und mir nachfolgen«. Nimm es auf, und geh mit ihm weiter voran.

Niemand, wie wohlmeinend er auch sein mag, liebt den Frommen, der seine Ansichten allen und jedem aufdrängt und der offensichtlich damit zufrieden ist, sein kleines Stück Wahrheit entdeckt zu haben. Ebensowenig schätzen wir die Tugend des Überdemütigen, des Menschen, der sich wie Uriah Heep in Dickens' Roman ›David Copperfield‹ benimmt – ein Christ sollte wenigstens Achtung verdienen.

Das alles bringt den frommen Menschen in eine mißliche Lage, denn etwas brennt in ihm, was er mit anderen teilen muß, er fühlt, daß, »wenn er schweigt, die Steine schreien« – und zu gleicher Zeit steht er unter dem Gebot, die Rechte solle nicht wissen, was die Linke tut (Mt 6,3). Was soll er nun wirklich mit seinen Gefühlen machen? Sie unterdrücken? Sie vergeistigen? Sie zu ignorieren versuchen? Gewiß nicht. Die Antwort muß sicher lauten: sie nutzen, Erfüllung in ihnen finden, ein Weg für sie werden!

Als Jesus in der Wüste versucht wurde, war eines der Dinge, an die er dachte, von der Zinne des Tempels herabzuspringen – wenn er wirklich der Messias wäre, würde er es unverletzt tun können. Er antwortete darauf: »Du sollst Gott nicht versuchen.« Diese Antwort hat viele Leute auf ihrem Weg aufgehalten, die sonst ein wenig wagemutiger gewesen wären. Was hat Jesus mit dieser Antwort gemeint? Zweifellos kann er nicht gemeint haben, es sei unrecht oder schlecht für ihn, dieses außerordentliche Wunder zu vollbringen, denn wir haben Beispiele genug dafür, daß er ähnliche Dinge getan hat, als er seinen Auftrag erfüllte. Wenn wir den Berichten glauben können, dann ging er auf dem Wasser, und er verwandelte Wasser in Wein. Aber auf gleiche Weise widerstand er auch der Versuchung, Steine in Brot zu verwandeln – und dennoch sättigte er eine Menge von 5000 Menschen mit fünf Brotlaiben und zwei Fischen.

Jesus hat dreißig Jahre seines Lebens verbracht, ohne einen messianischen Auftrag auszuführen, aber er war sicher ein so ehrenhafter und frommer Mann, daß er für den Anfang seines Auftrags vorbereitet war, als die Zeit kam. Wenn wir die Versuchungen als Jesu natürliche Gedanken am Anfang seiner Tätigkeit verstehen, als Gedanken darüber, wie er seinen Auftrag am besten ausführen könnte, dann kommen wir der Wahrheit wohl näher. Wie konnte Jesus den Menschen zeigen, daß er der Messias war, den sie alle sehnsüchtig erwarteten? Sollte er Steine in Brot verwandeln, nicht, um seinen eigenen Hunger zu stillen, sondern als Anstoß dafür, die materiellen Nöte der unglücklichen Menschen zu beheben, denen er begegnete? Das würde sicher ihre Aufmerksamkeit erregen, wäre eine nützliche Handlung und würde ihre Dankbarkeit gewinnen, so daß es gut seine Lehre von dem Reich Gottes unterstützen könnte. Aber Jesus sagte Nein. Der Mensch lebt nicht vom Brot allein. Was würde es den Armen nützen, heute gesättigt zu werden, aber morgen zu verhungern?

Für seine Nachfolger, die Christen, waren die Sorge um die Armen und die Bemühungen, die Hungrigen zu sättigen, eine sehr wichtige Aufgabe. Selbst Jakobus, der Bruder Jesu, stellte in einem seiner Briefe kühn fest: »Wenn ein Bruder oder eine Schwester keine Kleidung besitzen und Not leiden an der täglichen Nahrung, es sagt

aber einer von euch zu ihnen: Geht hin in Frieden, wärmt und sättigt euch – was nützt das dann? Der Glaube, wenn er keine Werke hat, ist in sich selbst tot« (Jak 2,15–17).
Aber für Jesus ging es um etwas anderes. Er hatte sehr wenig Zeit. Er war nicht gekommen, um die Armen vor ihrem physischen Tod zu erretten, sondern um ihnen das zu zeigen, was sie glücklich sterben ließe – das Leben nach dem Tod. Er sagte: »Ich bin das Brot des Lebens . . . wenn einer von euch dieses Brot ißt, wird er immer leben. Das Brot, das ich euch gebe für das Leben der Welt, ist mein Fleisch . . . wer mein Fleisch ißt und mein Blut trinkt, hat das ewige Leben« (Joh 6,48, 51.54).
Dann die zweite Versuchung: Sollte er von der Spitze des Tempels hinabspringen – ein wunderbares Schauspiel, das ihre Aufmerksamkeit erregen und seine Macht beweisen würde? Eine sehr überzeugende Vorführung. Wieder sagte er Nein. Was wäre mit denen, die es nicht gesehen hätten? Würden sie morgen wieder ein solches Schauspiel wollen? (Hören wir nicht immer noch, wie Leute von der Kirche fordern, sie solle durch Wunder beweisen, daß das, was sie sagt, auch wahr ist?) Würden sie nicht so eifrig damit beschäftigt sein, Gottes Gaben an sie immer wieder zu ›testen‹, daß die entscheidende Botschaft sie gar nicht mehr erreichte? Wir besitzen ganz eindeutige Berichte darüber, was jedesmal geschehen ist, wenn Jesus etwas Außergewöhnliches getan hatte – riesige Menschenmassen strömten herbei und ließen Jesus nicht einmal Zeit zum Essen und zwangen ihn, die Nächte im Gebet zu wachen. Kein Wunder, daß es ihm widerstrebte, solche Dinge öffentlich zu tun.
Die dritte Versuchung, den Teufel anzubeten – war sie nicht sicher etwas, wozu Jesus nicht die geringste Neigung verspürte? Sie kann bedeuten, daß Jesus vielleicht vor der Frage stand, ob er ein kriegerischer Messias werden solle, was alle Juden von ihm wünschten – aber wahrscheinlich war sie sehr viel subtiler. Vielleicht finden wir den Schlüssel in den Worten des sufidischen Mystikers Jalal-udin Rumi: »Wenn du den Teufel nicht gesehen hast, dann sieh auf dich selbst.« Wenn Jesus sich ihrer physischen Nöte angenommen und seine Macht vorgeführt hätte, sooft sie es wünschten, dann hätte er vielleicht die Welt erobert! Aber das war schon vorher geschehen, Alexander und Cäsar hatten es getan. Wie berühmt und wie glor-

reich wäre er dann gewesen! Es war die höchste Versuchung, materiellen Lohn für Heiligkeit anzunehmen.

Während er seinen Auftrag ausführte, muß er immer wieder vor dieser Versuchung gestanden haben. Etwa als schließlich sein Freund Petrus bekannte, er glaube, daß Jesus der Messias sei. Petrus konnte nur den Ruhm, den Triumph sehen, aber Jesus sah den Satan dort lauern – die Versuchung, sich selbst an die erste Stelle zu setzen. Jesus hätte nicht die ganze Nacht im Garten von Getsemane bleiben und auf Judas und die Soldaten warten müssen, die kommen würden, um ihn festzunehmen. Er hätte nach Galiläa gehen können. Und als er festgenommen wurde, schlug Petrus sofort mit dem Schwert zu – ein idealer Moment, um mit dem Aufstand gegen die Römer anzufangen. Die Untergrundbewegung der Zeloten hätte ihm als ihrem Führer zugejubelt, und der Aufstand hätte begonnen (mindestens einer von den Jüngern Jesu war ein Zelot). Jesus wäre lieber nicht durch Folter und Tod gegangen, aber wieder stellte er sich der Versuchung und blieb siegreich: »Laß diesen Kelch an mir vorübergehen – doch nicht, was ich will, sondern was du willst« (Mk 14,36).

Selbst am Kreuz, als er seine gewaltige Macht in einem furchtbaren Schauspiel hätte entfalten und niedersteigen können, wollte er seinen Feinden keinen Widerstand leisten. Hätte er es getan, so hätte er den Kampf gegen sich selbst verloren, das Kreuz wäre eine Niederlage und nicht ein Sieg geworden, und wir alle wären unserem ewigen Leben keinen Schritt näher.

Dennoch vollbrachte Jesus wahrhaft wunderbare Taten. Wie selbstverständlich tat er sie! Er konnte sie selbst dann nicht unterlassen, wenn er erschöpft und bedrückt war – sein Wesen waren Liebe und Mitleid, die er immer ausstrahlte. Aber wie steht es mit uns? Welche Lehren finden sich für uns? Als Jesus gefragt wurde, was das größte Gebot sei, sagte er, es sei die Liebe zu Gott und die Liebe zum Mitmenschen (Mk 12,29–31). Der Hinweis also, daß wir Gott am besten durch die Liebe zu unseren Mitmenschen lieben. Wenn wir den Bruder nicht lieben, den wir gesehen haben, dann sind wir gewiß weit entfernt von dem, den wir nicht gesehen haben.

Was sonst noch? Fast ein Blankoscheck. »Klopfe an, suche, bitte – und es wird dir gegeben werden.« »Wenn ihr um etwas in meinem

Namen bittet, wird es euch gegeben« (Joh 14,12–14). Was bedeutet ›in meinem Namen‹? Es muß sicher etwas sein, was Jesus selbst gewünscht hätte, etwas in Übereinstimmung mit dem Willen Gottes.

Was will Gott für uns? Nun, zunächst wahrscheinlich die guten Dinge, die wir uns gegenseitig wünschen – Gesundheit, Glück, Frieden, Sicherheit und so weiter. Wir haben bereits gesehen, wie sehr Glück und innerer Friede von unserer eigenen Haltung anderen gegenüber abhängen. Wie steht es aber mit der Gesundheit? Das ist eine wenig beachtete Seite unseres religiösen Lebens. Jesus hat seinen Jüngern eigens befohlen, sie sollten hingehen und ebenso heilen wie predigen, und Heilen galt in der frühen Kirche als Gabe des Geistes. Möchten wir nicht eigentlich zu den Menschen, die wir lieben, sagen: »Im Namen Jesu – steh auf und wandle!«? Aber wir scheuen uns vor theatralischen und emotionalen Gesten, und wir fürchten, wir sähen dumm aus, wenn dann nichts geschieht. Aus Angst vor der Lächerlichkeit und aus Mangel an praktischen Methoden versuchen wir daher, das Mitleid für andere zu unterdrücken, das die Verwirklichung der Liebe Gottes in uns aufkommen läßt. Wir fürchten, unser Glaube sei nicht stark genug, Enttäuschung und Demütigung seien schlimmer als der ursprüngliche Grund für unser Betroffensein.

»Wenn du einen Berg besteigen willst«, sagt ein Satz des Zen-Buddhismus', »dann fang beim Gipfel an.« Richte deine Augen auf die Spitze des Bergs, und irgendwie werden dich deine Füße dorthin tragen. Wenn der Glaube allein die Kranken heilen könnte, würden sich die Krankenhäuser sofort leeren. Aber aller Glaube in der Welt wird das Blut eines ›blauen Babys‹ nicht ändern oder einen arthritischen Gefäßverschluß nicht wieder öffnen. Glaube ist einfach ein psychologischer Wert.

Krankheit ist ein Ergebnis aus Ursache und Wirkung, und es ist nur logisch, daß man beide behandeln muß, um wieder ganz gesund zu werden. Um eine Ursache zu beseitigen, müssen die Bedingungen, unter denen sie entsteht, untersucht und verstanden werden. Es ist eine bekannte Tatsache, daß ein großer Teil aller physischen Leiden seinen primären Grund in manchen Formen geistiger oder seelischer Unruhe hat. Die Medizin behandelt und lindert zwar die Symptome

– aber wenn der Geist unglücklich ist, wirkt er auf die ganze physische Kondition ein. Er beeinträchtigt die Vitalität, das Gesamtbefinden leidet, der physische Leib wird immer anfälliger für Krankheiten und Infektionen. Deshalb muß der Geist des Leidenden glücklich und friedvoller werden (darum ist der Glaube ein psychologischer Wert).

Glück kann nicht befohlen werden, selbstverständlich, aber es kann gesucht und gewonnen werden. Man weiß auch ohne ausgesprochene Worte, ob irgend jemand im Zimmer einem wohl oder übel will – und was fördert unser Glück und Selbstvertrauen mehr als die Gemeinschaft mit Menschen, von denen man weiß, daß sie einen lieben? Darum ist es deine Aufgabe, wenn du ängstlichen, verletzten, einsamen oder verzweifelten Menschen begegnest – denen, die von der Flut weggeschwemmt worden sind –, ihnen deine Hand entgegenzustrecken und sie festzuhalten. Christsein sollte wie eine unaufhörliche Rettungsaktion sein, jeder Fall ist dringend und entscheidend. Es ist, als sage man: »Halte dich fest. Laß nicht los. Du bist nicht allein. Entspanne dich – laß mich ziehen.«

Vielleicht denkt man jetzt, das ist ja alles recht schön, aber wahrscheinlich kommt niemand, den ich trösten oder dem ich helfen kann. Nimm die Herausforderung an – wahrscheinlich noch in der nächsten Stunde wirst du gebraucht.

20
Ist Religion mehr als unser Unterbewußtsein?

Für einen Augenblick wollen wir alle die komplizierten Überlegungen, die wir bisher angestellt haben, beiseite lassen und an dieser Stelle etwas genauer nachdenken. Es ist seltsam, daß viele ungewöhnlich intelligente und wissenschaftlich geschulte Menschen alle Argumente für die Existenz Gottes durchgearbeitet haben und dennoch keines von ihnen als Beweis akzeptieren können. Aber statt sich von der Religion abzuwenden, glauben sie trotz dem Mangel an Beweisen an Gott. Warum tun sie das eigentlich?

Es gibt nur einen einzigen wirklichen Grund dafür, daß Menschen sich überhaupt mit Gott beschäftigen, und der liegt darin, daß sie irgendwo, irgendwie etwas erfahren haben, was sie Gott nennen. Sie haben eine Erleuchtung erlebt. Dies ist ein Grund, warum es so schwierig ist, Gott zu beweisen: Unsere entscheidende Kenntnis von ihm entstammt unserem eigenen Gefühl, und weil dieses Gefühl unsere ganz persönliche Empfindung ist, muß es nicht notwendig von einem anderen Menschen auf die gleiche Weise geteilt werden.

Das ist auch der Grund für den kritischen Einwand, jeder Mensch erfinde sich seinen passenden Gott, er entstamme ganz seinem individuellen Geist – es gebe also ebenso viele ›Götter‹ wie denkende Menschen. Auf ein extremes Beispiel für die unterschiedlichen Ansichten der Menschen stoßen wir, wenn wir uns klarmachen, daß die römischen Katholiken, die Siebenten-Tags-Adventisten und die Mormonen zwar behaupten, sie glaubten an denselben Gott, in Wirklichkeit glauben sie alle aber ganz verschiedene Dinge von ihm. Wenn der Zugang zum Himmelreich vom Glauben an die richtigen Lehren und von nichts anderem abhängig wäre, würde das bedeuten, daß Gott darüber entschiede, ob er die römischen Katholiken, alle Protestanten oder die Mitglieder der Heilsarmee davon ausschlösse oder nicht. (Die Zeugen Jehovas, eine der späteren Sekten, beharren auf dieser Ansicht und behaupten, weil nur sie den richtigen Glauben besäßen, würden auch nur sie gerettet werden.) Und wie steht es mit den frommen Buddhisten, den Muslims und den anderen Frommen? Ich kann nicht an einen Gott glauben, der jeden verdammen würde, nur weil er nicht an die Dinge glaubt, an die ich glaube – er wäre dann weniger gnädig und verständnisvoll als ich selbst!

Der mystische Zugang zu Gott versucht, die allen Religionen zugrunde liegenden Wahrheiten zu finden, denn alle Religionen suchen nach der Wahrheit, und alle haben sicher etwas von ihr gefunden. Der Mystiker ist ein Mensch, der ein Erlebnis der Gegenwart Gottes gehabt hat und der weiß, daß die Wahrheit, obwohl manche Menschen irrige Meinungen darüber haben mögen, dennoch darauf wartet, hinter ihren Interpretationen gefunden zu werden. Eine Erzählung in den Schriften des Dschainismus (in Indien) berichtet von sechs Blinden, die einen Elefanten befühlten. Sie alle betasteten verschiedene Teile des Tieres und verglichen sie mit ganz anderen Dingen, die ihnen bekannt waren. Die Pointe besteht darin, daß sie alle mit ihren Beschreibungen recht hatten, aber sich gleichzeitig im Irrtum befanden, wenn sie annahmen, nun wüßten sie, was ein Elefant ist, denn ihr Wissen war auf ihre ganz persönliche Erfahrung beschränkt. Keiner von ihnen hatte den ganzen Elefanten erlebt, aber keiner zweifelte daran, daß es ihn gab.

Es ist eine ungelöste Frage, was die Gotteserfahrung des Menschen verursacht. Menschen, die gar nicht an Gott glauben, werden alle möglichen Ursachen dafür nennen, daß ein Mensch religiös ist – Gefühlsverwirrungen, persönliche Krisen, ein sublimierter Geschlechtstrieb, Drogen, körperliche Leiden und Krankheiten, Naturkatastrophen, ein krankhaftes Sündenbewußtsein und bloßes Wunschdenken.

Sigmund Freud hat angenommen, die Religiosität des Menschen entstehe aus der Verbindung seiner kindlichen Hilflosigkeit mit der Triebbefriedigung und aus der Sühne für die Schuld seines Ödipuskomplexes. Die Idee Gottes war für ihn nur eine Illusion, die Menschen entwickelt hätten, um sich in ihrer Hilflosigkeit zu trösten, nachdem sie sich von ihren Eltern getrennt hatten und selbständig geworden waren.

C. G. Jung nahm die Religion weit ernster, weil er die religiösen Bräuche und Phänomene vieler primitiver Stämme überall in der Welt untersucht hatte. Er sagte, sie sei das Ergebnis des kollektiven Unterbewußtsein des Menschen, des unbekannten Materials, aus dem alles Bewußtsein hervorgeht, und bestimmte religiöse Symbole seien allen Menschen gemeinsam. Weit entfernt von der Vorstellung Freuds, Gott sei nur ein Ersatz für den verlorenen Vater, kehrte Jung den Gedanken um und behauptete, für das Kind sei der Vater ein Ersatz Gottes.

Jung nahm an, seelische Gesundheit und psychisches Gleichgewicht des Menschen seien abhängig von dem angemessenen Ausdruck religiöser Gefühle, von der befriedigenden Entwicklung seiner persönlichen Lebensphilosophie. Ein Merkmal menschlicher Religiosität ist der Versuch, die Bedeutung der ›Archetypen‹ in Worte zu fassen. Es ist recht schwierig, das exakt zu beschreiben, was Jung unter Archetypen verstanden hat; vereinfacht gesagt, dachte er an Ängste und Empfindungen von etwas, was unter der Ebene unseres Bewußtseins liegt. Es ist etwas, was sehr tiefe Bewegungen auslöst, obwohl wir nicht erklären können, was es eigentlich ist – wir wissen nur, daß es sehr starke Gefühle auslöst. Seine Wirkungen werden besonders in den bedeutsamen Augenblicken von Geburt und Tod, Triumph, Gefahr und Ehrfurcht sichtbar – es scheint sich dabei um eine Wahrnehmungsfähigkeit zu handeln, die allen Menschen gemeinsam ist, daher der Ausdruck ›kollektives Unterbewußtsein‹.

Organisierte Religionen versuchen, geeignete Formen und Symbole anzubieten, um unsere tiefsten menschlichen Nöte auszudrücken. Ein Mensch hat archetypische Empfindungen bei allem, was mächtig, gefährlich, gewaltig, schön, bedeutungsvoll oder hilfreich genug ist, um verehrt oder geliebt zu werden. Und die Erfahrung des Gottesbildes ist das Entscheidendste und Überwältigendste, was einem Menschen geschehen kann. Es kann extrem verfeinert, aber auch erstaunlich einfach sein – es kann in Trance versetzen, wahnsinnig machen, physische Stigmata auslösen oder den Menschen mit Frieden und Gelassenheit überfluten.

Jung sah, daß jeder reife Mensch nach Sinn sucht, nach einem Lebensziel – und daß er sich so lange unvollständig fühlt, bis er archetypische Begegnungen erlebt hat. Der Einwand, daß der

Mensch gerade dann religiöse Empfindungen habe, wenn er bedroht oder unglücklich sei, ist nicht ganz falsch, aber schlecht formuliert. Es ist eher so, daß der Mensch am Ende seiner Kräfte, in dem Augenblick, da seine Selbstgenügsamkeit zerbricht, ein höheres Wesen entdeckt. Der Mensch wird sich bewußt, daß er ein endliches Geschöpf ist, wenn er plötzlich das Unendliche erlebt. In diesem Augenblick wird er ›erweckt‹. Obwohl er sein neugewonnenes Wissen nicht in Worte fassen kann, empfindet er eine tiefere Einsicht, ein Gefühl der Zeitlosigkeit und Einheit mit allem und das Verbundensein mit der schöpferischen Kraft.
Atheistische Kritiker haben argumentiert, Bekehrungserlebnisse könnten ebenso wirksam und plötzlich durch Drogen, Insulin, Elektroschocks, Angst, Depressionen und ungünstige Umstände ausgelöst werden. Aber das sind Situationen, in denen ein Ertrinkender sich an einen Strohhalm klammert. Sie überstehen keine Bewährungsprobe. Wirklich religiöse Bekehrungen können allein nach dem darauffolgenden Leben und den Haltungen des Bekehrten beurteilt werden. Man kann nur die beiden Ursprünge einer Bekehrung anführen und dann sehen, welcher der überzeugendste ist. Entweder ist unsere eigene Unzulänglichkeit und unser Wunschdenken der Ursprung der Religion, oder es gibt noch einen anderen Ursprung, außerhalb von uns selbst, der uns an sich zieht.
Rudolf Otto hat die Gotteserfahrung als »mysterium tremendum et fascinosum« beschrieben – als etwas Unbekanntes, das uns überwältigt und anlockt. Er hat versucht, das Gefühl der völligen Hilflosigkeit und Nichtigkeit bei dem gleichzeitigen Bewußtsein einer übermächtigen Kraft in Worte zu fassen. Der Mensch spürt etwas, was ihn mit Furcht erfüllt und ihn dennoch ›anlockt‹ – ein Gefühl, das wir Ehrfurcht nennen. Es macht den Menschen wehrlos und ängstlich, er wagt nicht tiefer darauf einzugehen und kann sich dennoch nicht davon abwenden – es fasziniert.
Manche Menschen sehnen sich ein Leben lang nach einer Gotteserfahrung, andere stoßen fast zufällig auf sie. Jesus erzählt die Geschichte von einem Bauern, der einen Schatz entdeckte, als er auf einem Feld arbeitete. Er wagte kaum an sein Glück zu glauben, er vergrub den Schatz wieder, verkaufte alles, was er besaß, um sich genügend Geld zu beschaffen, und kaufte den Acker. Dann war der

Schatz sein. Diese Geschichte wird oft so erzählt, als habe der junge Mann ehrenhaft gehandelt, weil er all seinen Besitz aufgab, um den Schatz zu gewinnen, der das Himmelreich bedeutete. Ich glaube nicht, daß das wirklich die Pointe ist – in jedem Fall war seine ›ehrenhafte‹ Tat nicht anständig. Er hätte seinen Fund dem Eigentümer des Ackers mitteilen müssen. Die Pointe liegt darin, daß der Schatz darauf wartete, gefunden zu werden, und der Mann vernünftig genug war, um zu begreifen, daß er mehr wert war als alle seine Besitztümer zusammen. Er begriff, was der reiche junge Mann nicht begriff. Es gibt dort nichts zu verlieren, aber alles zu gewinnen.
Manche Menschen ›stolpern geradezu über Gott‹, genauso wie es der Bauer getan hat. Plötzlich, mitten in all unserem Durcheinander, in unseren Geschäften, in Geschäftigkeit und Ärger bricht in uns ein Gefühl auf, das zu uns sagt: ›Steh still. Und wisse, daß ich Gott bin.‹ Das ist der Urgrund jeder Religion – die Erfahrung des Heiligen. Alle theologischen Überlegungen sind demgegenüber zweitrangig. Hätte der Mensch nicht Gott erfahren, so fände er es nicht notwendig, ihn zu erklären.
Weil das Buch seinem Ende zugeht, ist mir vielleicht der Versuch gestattet, das Thema dieses Kapitels mit einer eigenen Erfahrung zu erläutern. In den römisch-katholischen Kirchen gibt es ein Symbol Gottes, das blutende Herz Jesu. Zunächst werden viele Menschen vor dieser Vorstellung zurückschrecken, sie sei zu gefühlvoll (und besonders abstoßend ist sie für Engländer). Dennoch sind die Empfindungen der Ehrfurcht, die es auslöst, wirklich archetypisch. Vergebung ist das Wesen wahrer Religion. Schon im Alten Testament gibt es diese Idee – wir sollen nicht hassen oder Vergeltung üben, denn »Mein ist die Rache, spricht der Herr«. Jesus hat von uns gefordert, wir sollten unsere Feinde lieben; Paulus hat gelehrt, wir sollten keinem Menschen Böses mit Bösem vergelten, sondern das Böse durch das Gute überwinden.
Während ich dieses Buch schrieb, wurde der kleine Teich in meinem Garten von ›Vandalen‹ vergiftet und alles drumherum zerstört. Nach dem ersten Schock empfand ich so starken Kummer und Verzweiflung, wie schon lange nicht mehr – und wenn derjenige, der das getan hatte, festgenommen worden wäre, ich glaube, ich hätte ihn in Stücke gehackt. Ich war selbst überrascht von meiner Rach-

sucht, und obwohl ich versuchte, mir klarzumachen, daß der Übeltäter wahrscheinlich ein junger Kerl war, der einen Vogel hatte oder sonstwie geistig gestört war, empfand ich ihm gegenüber feindselige und schlimme Gefühle. Ich brauchte lange Zeit, um meine Empfindungen unter Kontrolle zu bringen. Nach der Tat fiel der erste Verdacht auf einen Burschen, der nicht nur vorher schon einmal in meinem Garten gewesen war, sondern auch den Nachteil hatte, ein uneheliches Kind zu sein und in Behandlung zu stehen, auf einen Burschen von unterdurchschnittlicher Intelligenz und recht häßlich – es gab also genug Gründe dafür, daß er einem leid tat und daß man seinen Ausbruch gegen die Gesellschaft verstehen konnte. Als ich ihn darüber zur Rede stellte, lachte er mir einfach ins Gesicht, was ich eigentlich auch hätte erwarten sollen – aber statt dessen empfand ich sofort Haß und Verbitterung.
Vielleicht fragen Sie, warum ich diese Geschichte so ausführlich erzählt habe. Allein deshalb, weil sie für mich einen Triumph darstellt, ich habe das Böse in mir erkannt und dagegen angekämpft. Ich war fähig, dem Jungen und mir selbst zu vergeben. Aber es ging noch tiefer, und deshalb habe ich die Geschichte erzählt. Der Junge hätte kaum weniger darüber empfinden können, und er fühlte darum auch nicht, daß ihm vergeben wurde. Zwischen uns entstand gar keine Beziehung. Plötzlich erlebte ich eine Art mystischer Erfahrung, durch die ich etwas von der Bedeutung verstand, die hinter dem Bild des blutenden Herzens Gottes liegt, der danach verlangt, zu lieben, zu umarmen und sicher zu machen – der aber von denen, die ihn am meisten brauchen, einfach nicht gesehen oder verstanden wird. Ich habe mich gefragt, ob es das ist, was mit der ›Sünde wider den Heiligen Geist‹ gemeint ist, von der in den Evangelien gesprochen wird (Mt 12,32): Das Versagen beim Erkennen des Heiligen Geistes sei die einzige Tat des Menschen, die nicht vergeben werden könne. Es schien mir immer unbegreiflich, daß Gott nicht *alles* Versagen des Menschen vergeben würde. Jetzt aber konnte ich sehen, daß es wirklich wahr ist, daß Gott alles vergeben würde, was auch immer der Mensch tun könnte, und daß er es auch tut – aber die Erfahrung der Vergebung ist keine Einbahnstraße, und wenn der Mensch einfach nicht begreifen kann, daß er Vergebung braucht, dann kann er den Heiligen Geist nicht erkennen, wenn er wirkt, und

er ist selbst gegenüber Gott wie eine Schranke, die nicht überstiegen werden kann; der Mensch muß sie selbst entfernen.
Bevor ein Mensch Gott in irgendeiner Weise begegnet, ist ein Reden über ihn sinnlos. Wir können unsere Empfindungen vorher nicht in die richtigen Worte fassen. Doch wenn es zu der Begegnung gekommen ist, dann sind unsere Sprachbarrieren kein wirkliches Problem mehr. Die Sprache, die eben noch sinnlos war, wird voll von Bedeutung. Der Groschen fällt. Eine Glocke schlägt an. Es entsteht das Gefühl, als werde man emporgehoben – erfüllt von Freude. Worte sind gar nicht mehr wichtig. Man versteht intuitiv, was der andere Mensch, der ›es‹ gefühlt hat, damit meint. Eine Musik oder ein wunderbarer Sonnenuntergang bewegt uns tief. Liebe strahlt aus. Unsere Herzen möchten zerspringen. Wir haben eine Erleuchtung erlebt. Wir sind nahe herangezogen worden.
Vielleicht ist es im nächsten Augenblick schon vorbei, aber man wird es niemals wieder vergessen können. Der Augenblick dauert ewig. Und er kann wieder neu erlebt werden. Er ist immer da. Es ist, als werde man immer wieder neugeboren, neugeboren in einer Welt neuer Erfahrungen. Die alte Welt ist nie mehr die gleiche. Und selbst ohne einen einzigen Beweis hat der Gläubige das innere Vertrauen: »Ich weiß, daß mein Erlöser lebt.«

21
Der Sprung des Glaubens

Und so kommen wir jetzt zu dem Augenblick des Glaubens. Zwar können wir in der Gegenwart, trotz all unserem modernen Wissen, das uns helfen kann, noch immer nicht endgültig die Existenz Gottes beweisen, aber sind deshalb alle unsere Überlegungen nur Zeitverschwendung gewesen? Kann es wirklich wahr sein, daß es trotz allem für Physik und Biologie und Astronomie und Psychologie und alle verwandten Gebiete kein letztes Ziel gibt? Wir behaupten zwar, Wissen bringe Fortschritt – aber Fortschritt wohin?

Wir wollen nun die beiden wichtigsten Haltungen den naturwissenschaftlichen Entdeckungen gegenüber betrachten. Nur eine von beiden kann wahr sein. Nach der ersten erfinden wir, wenn wir etwas Neues, ein neues Naturgesetz, eine neue Tatsache des Lebens entdecken, dies tatsächlich in unserem eigenen Geist. Wir selbst also haben dieses neue Stück Wissen geschaffen. Wir haben etwas, was es vorher nicht gegeben hat, neu hinzugefügt – wir haben die Gesamtsumme erhöht. Wenn wir annehmen, das sei richtig, dann muß Gott, wenn wir an ihn wirklich glauben, ebenfalls eine Projektion unseres Geistes, unser eigenes höchstes Ideal sein.

Nach der zweiten Ansicht befinden sich über und hinter unserem Wissen das Universum mit seinen Gesetzen und Regeln und sein Schöpfer, sie warten schon darauf, von uns gefunden und entdeckt zu werden. Enthüllt zu werden. Sie sind dort, um uns offenbart zu werden, wenn wir dazu bereit sind. Wir stehen in einem aufwärts führenden Kampf um ein Wissen, das besser ist als das heutige. Sicher ist das doch die wahrscheinlichere der beiden Vorstellungen?

Wenn es wirklich so ist, dann erfinden wir nicht die Naturgesetze und wir erschaffen Gott nicht nach unserem idealsten Bild, sondern wir nähern uns langsam dem Verständnis. Das gesamte Universum wartet dort, und es ist schrecklich, daß die meisten von uns so wenig davon sehen.

Glaube ist gerade nicht eine Frage des ›Fürwahrhaltens von Dingen, von denen man weiß, daß sie nicht wahr sind‹. Das wäre wirklich sehr dumm. Glaube ist mehr eine Haltung des Geistes, ein Wille, den Sprung in das Dunkel zu wagen.

Ich möchte schwimmen lernen. Vor mir liegt das Schwimmbecken: Ich sitze am Rand mit meinen Schwimmflügeln, meiner Korkmatte, meinem Lehrbuch, meinen Schwimmflossen und meinem Schwimmlehrer. Ich sage alle Regeln auf. Ich liege auf dem Bauch und bewege meine Arme und Beine. Theoretisch beherrsche ich alle diese komplizierten Techniken. Und dann gehe ich nach Hause und denke, daß ich alles weiß. Nur eines fehlt – ich bin gar nicht naß geworden. Ich bin nicht geschwommen.

Ich bin so vorsichtig und fürchte mich davor, wie ein Dummkopf dazustehen und blamiert zu werden, daß ich vorher alles ausprobiert habe, bevor ich ins Wasser springe. Ein Kind, das schwimmen will, würde an mir vorbeirennen und ins Wasser springen. Das Himmelreich gehört solchen Menschen.

Beim Wissen von Gott ist es genauso. Wir können unser Gehirn anstrengen, wir können bis in die Nacht diskutieren, aber das wird uns nicht weiterbringen, wenn wir nicht bereit sind, ›naß zu werden‹. Im ganzen Neuen Testament hat Jesus niemals irgendwelche Regeln für die Lehre niedergelegt, die Dinge, die die Menschen angeblich glauben sollen. Deshalb glauben so viele Leute an so viele verschiedene Dinge, und deshalb kommt es zwischen ihnen manchmal zu Streitigkeiten. Was Jesus wirklich getan hat, war, daß er gesagt hat, was wir tun sollen. Der Eingang in das Himmelreich ist nicht so sehr abhängig vom Glauben wie vom Handeln. »Nicht jeder, der zu mir sagt Herr, Herr, wird in das Himmelreich eingehen, sondern wer den Willen meines Vaters tut . . .« »Jeder, der diese meine Worte hört und sie tut, wird sein wie ein kluger Mann, der sein Haus auf einen Felsen gebaut hat« (Mt 7,1; 21,24). Wir sollen einander lieben, aber nicht in einer sentimentalen Art und Weise, wir sollen uns sorgen für die Menschen, die wir nicht kennen oder vielleicht nicht einmal mögen. Und wir sollen zu Hause anfangen – wie können wir den Bruder lieben, den wir nie gesehen haben, wenn wir es nicht bei dem aushalten, mit dem wir leben müssen.

Glauben heißt deshalb so handeln, als ob Gott existiere, als kümmere er sich um das, was wir tun, und das Vertrauen haben, daß es recht sein wird. Erst dann werden wir wirklich verstehen, was Gottesdienst eigentlich ist. Gott ist das Glück, unsere tiefste Empfindung von Frieden, Freude und Sicherheit. Wir werden das niemals finden, wenn wir es für uns selbst suchen. Menschen, die nach Glück und Zufriedenheit streben, sind niemals zufrieden oder glücklich! Wie sehr man auch geliebt werden will, man wird nie geliebt, wenn man sich nicht darum bemüht, selbst liebenswürdig zu werden; man muß ein Mensch werden, der selbst liebt. Die Menschen, die andere glücklich zu machen versuchen, die Friedensstifter sind, die wirklich Trost und Hilfe bringen – sie sind es, die Gott finden und selbst glücklich sind. Jesus hat gesagt, daß selbst die Kummerbeladenen glücklich sind. Klingt das wirklich so dumm? Nein – diese Menschen strahlen Freundlichkeit aus, sie sind viel besser als die verhärteten Menschen, die vergessen haben, wie man sich um einen anderen kümmert.

Man erzählt, Buddha habe, als er schließlich den Moment absoluter Vollkommenheit und Erleuchtung erreicht hatte, das mühselige Rad seiner irdischen Leben verlassen können. Es war der Augenblick, auf den er in allen seinen Existenzen gewartet und den er ersehnt hatte. Aber er hielt ein und weigerte sich, als ihm der Gedanke kam: ›Sollst du allein gerettet werden und die ganze Welt weinen hören?‹ Hätte er seine eigene Erlösung gewählt, dann hätte er sie verloren – denn durch diese selbstsüchtige Tat wäre er unvollkommen geworden. Jesus hat gesagt, daß der, der sein Leben liebt, es verlieren wird und daß derjenige, »der sein Leben für meine Sache hingibt, es finden wird«. Das Finden des Lebens, das ist der Sprung des Glaubens.

Manchen Leuten, die dieses Buch lesen, werden diese Gedanken unsinnig vorkommen – wie Gerümpel. Ein Geist, der das alles abschüttelt, ist blockiert. Verschlossen. Nicht anwesend. Er ist wie eine Schranke – eine unübersteigbare Barriere, die alle Ankommenden fernhält.

Was wir brauchen, sind ein paar Spalten in dieser Barriere, ein paar Augenblicke des Zweifels, um das Selbstvertrauen der Ignoranz zu durchbrechen. Es ist wahr: Je mehr man weiß, desto mehr begreift man, daß man nichts weiß. Wenn man sicher ist, daß man alles weiß, bedeutet das nur, daß noch sehr viel auf seine Entdeckung wartet. Der große Naturforscher Isaac Newton dachte am Ende seines arbeitsreichen und bedeutenden Lebens, das eine Fülle von Entdekkungen gebracht hatte, an die Dinge, die er für die Wissenschaft geleistet hatte, und an alle die Dinge, zu deren Entdeckung er keine Zeit gehabt hatte, und sagte, er sei wie ein kleiner Junge gewesen, der mit ein paar Kieseln am Strand gespielt habe, während doch der riesige Ozean vor ihm lag.

Ich habe die Einleitung zu diesem Buch ›Fuchs des Himmels‹ genannt, weil Gott wie ein listiger Fuchs zu sein schien, der sich immer wieder vor uns verbirgt, immer wieder unserem Wissen und unseren Beweisen entgeht. Vielleicht würden wir Gott gar nicht suchen, wenn wir ihn nicht schon auf irgendeine Weise gefunden hätten. Es gibt zwei voneinander getrennte Welten, eine auf dieser Seite der Barriere und eine auf der anderen Seite – dieses Leben und das ewige Leben. Wir können die Existenz Gottes nicht beweisen, wenn man aber sagt: ›Ich wünschte, ich könnte es‹, oder: ›Ich wünschte, ich wüßte es‹, ist das bereits der halbe Weg. Wenn man einmal zu suchen anfängt, ist man über die Barriere hinweg und auf der anderen Seite auf einer der Straßen zur Wahrheit.

Jesus hat gesagt: »Wahrlich, wahrlich, ich sage euch, wer meine Worte hört und dem glaubt, der mich gesandt hat, hat ewiges Leben, und er kommt nicht in das Gericht, sondern ist aus dem Tod in das Leben hinübergegangen« (Joh 5,24). Ein jüdischer Schriftgelehrter hat einmal Jesus direkt gefragt, was er tun müsse, um selbst das ewige Leben zu erlangen. Jesus bestätigte, was der Schriftgelehrte sein ganzes Leben lang versucht hatte – Gott zu lieben und seinen Nächsten wie sich selbst zu lieben. Der Schriftgelehrte drängte Jesus, genauer zu bestimmen, wer eigentlich denn sein Nächster sei. Jesus erzählte ihm die Geschichte von dem barmherzigen Samariter. Der verachtete Samariter war ein Mensch, der dem verletzten Juden Liebe erwiesen hat, obwohl die beiden Völker sich erbittert haßten. Der Nächste war derjenige, der Liebe erwiesen hat. Die Geschichte endet mit dem Gebot: »Geh hin und tu desgleichen!«

Ich möchte dieses Buch mit einem kurzen Sprichwort des Zen-Buddhismus schließen, denn sein Thema findet kein Ende, nur immer neue Anfänge.
»Fang an. Geh weiter!«